AGORIAD

gan

R. GLYNDWR WILLIAMS

Gyda'n Cyforchion Gwresocaf
i
Vernon ac Audrey

20. II. 98.

Glyndwr

GWASG GEE
DINBYCH

Ⓗ GLYNDWR WILLIAMS 1998

ISBN 0 7074 0314 6

I MAIR A'R TEULU

AC I'R FFYDDLONIAID YM MHOBMAN

Argraffwyr a Rhwymwyr:
GWASG GEE, LÔN SWAN, DINBYCH
LL16 3SW

CYNNWYS

HWYL YN LLANHEDYDD

RHOD Y FFYDD

RHAGAIR

Mae'r casgliad hwn o ysgrifau a chyfraniadau eraill mewn tair rhan. Testunau cyffredinol sydd i'r gyntaf, ychydig ddoniolwch sy'n nodweddu'r ail, ac ymwneud â themâu'r Flwyddyn Eglwysig a wna'r drydedd. Canfyddir yn fuan mai naws eglwysig sydd i'r cyfan, ac nid annaturiol hynny, gan mai tipyn o eglwyswr wyf, ac yn fawr fy mhryder rhag i'r Gymraeg golli fwyfwy ei lle a'i hurddas yn y llan. Rhoes dosbarthiadau Addysg Bellach y Prifardd Jâms Niclas fwynhad ac ysbrydoliaeth nid bychan imi dros y blynyddoedd, a gwerthfawrogaf yn fawr ei gyflwyniad diffuant i hyn o gyfrol. Carwn ddiolch yn yr un gwynt i Wasg Gee am bob cymorth a rhwyddineb.

GLYNDWR WILLIAMS

CYFLWYNIAD

Ystyriaf hi'n fraint arbennig o gael y cyfle i ysgrifennu gair o gyflwyniad i'r gyfrol nodedig hon o waith y Canon Glyndwr Williams.

Deuthum i adnabod yr awdur wrth iddo ddod yn aelod o'r dosbarthiadau llenyddiaeth sydd gennyf ym Mangor. Bu'n aelod tra ffyddlon o'r dosbarthiadau, a buan iawn y sylweddolais ei fod yn ŵr o ddysg a diwylliant eang. Gŵr tawel ac anymwthgar ydyw, ond y mae ei gyfraniadau cyson i'r drafodaeth yn bwyllog ac yn datgelu aeddfedrwydd barn.

Brodor o Sir Aberteifi yw'r Canon Glyndwr Williams, yn enedigol o Landdewi Aberarth. Etifeddodd gyfoeth iaith lafar de Ceredigion, a'r cyfryw gyfoeth sy'n nodweddu geirfa ac arddull ei ysgrifau. Cafodd ei addysgu yn ysgol gynradd Aberarth, Ysgol Sir Aberaeron a Choleg Dewi Sant Llanbedr. Yr oedd y pwyslais a roddwyd ar lenyddiaeth yn y sefydliadau addysgol hyn wedi gadael ei ôl yn ddwfn arno, ac yn gyfrifol i raddau am aeddfedrwydd ei farn. Ar ôl iddo gael ei ordeinio i weinidogaeth yr Eglwys yng Nghymru cychwynnodd ar ei waith yn gurad yng Nghydweli yn esgobaeth Tyddewi. Treuliodd weddill ei yrfa, cyn ymddeol, yn Esgobaeth Bangor. Y mae ganddo gefndir gweinidogaeth eang felly – yn ymestyn o ardal lofaol y glo caled yn Nyffryn y Gwendraeth hyd at ardal chwarelyddol Llandinorwig. Diau i'r weinidogaeth hon esgor ar ei ymwybyddiaeth ddofn o dynged y werin weithfaol a daw hyn yn amlwg yn ei gydymdeimlad a'i ofid am dynged dynion a welodd lanw a thrai'r byd diwydiannol yn ein hoes ni. Y mae ei ddeall ef o ofidiau bywyd dynion yn dod yn amlwg iawn yn ei waith llenyddol.

Dyma'r ail gasgliad o'i ysgrifau. Cyhoeddwyd y gyfrol gyntaf *Y Tair Coeden ac Ysgrifau Eraill* gan Wasg Gee yn 1991. Sgyrsiau a draddodwyd ar y radio oedd y mwyafrif o'r rheini, ac i'r neb a glywodd y Canon yn eu traddodi, sylweddolir gymaint ei ddawn i gyfathrebu a gorfodi gwrandawiad. Y mae ganddo lais mwyn, y mae ei fater bob amser yn agos atom a'i neges yn glir. Yn yr un modd ag y mae'n medru cymell gwrandawiad, medr gymell darllenwyr hefyd.

Cymwynas fawr y diweddar Rhodri Prys Jones oedd annog y Canon i gyhoeddi'r ysgrifau hynny. Yr oedd cynnwys y sgyrsiau, ynghyd â'r mynegiant, yn rhy werthfawr o lawer i'w golli ar un gwrandawiad. Oherwydd ysgrifau i ddychwelyd atynt, eu hail-ddarllen a'u myfyrio yw eiddo Glyndwr Williams.

Ac yn awr llawenydd pur yw medru croesawu'r ail gyfrol o ysgrifau, *Agoriadau*. Ceir rhai o'r un nodweddion a welwyd yn *Y Tair Coeden ac Ysgrifau Eraill* yn amlwg yma – y ddawn gyfathrebol glir, y testunau sy'n apelio at ddarllenydd ac yn gorfodi darllen. Dyma'r Cristion o lenor eto'n myfyrio'n ddwys a thrwyadl uwch materion ein byw sydd yn agos atom, a thrawiad ei neges yn ddi-ffael. Gwelir yn yr ysgrifau ddawn ddamhegol gref ar waith a gwêl y tragwyddol ym mhethau bychain cyffredin bywyd. Nid yw'n brin chwaith o ganfod y digrifwch sydd i'w weld mewn bywyd, ac y mae'n llwyddo i fynegi afiaith y cyfryw ddigrifwch yn yr ysgrifau. Diolch am yr hiwmor iach sy'n britho'r *Agoriadau*.

Bu'r awdur yn cynnal colofn yn *Y Llan* yn ddi-fwlch ers deng mlynedd. Dyma dasg a alwai am ddisgyblaeth lem, ac y mae ôl y cyfryw ddisgyblaeth i'w weld yn glir ar ryddiaith *Agoriadau*. Ceir yma arddull a ymddengys yn ddiymdrech ond sy'n galw am ofal ac ymroddiad mawr. Mae darllen y rhyddiaith hon yn bleser pur. Cefais fy atgoffa wrth ei darllen o ysgrifau'r llenor mawr Tegla Davies. Y mae llawer yn gyffredin rhwng Tegla a Glyndwr – y ddau'n feistri ar eu cyfrwng, y ddau'n llenorion Cristnogol a ymberffeithiodd fath o ysgrif arbennig, y ddau'n ddamhegwyr cryf, a'u neges yn berthnasol i'w hoes ac i gyflwr dyn.

Bu'r Canon hefyd ar banel golygyddol *Emynau'r Llan*, ac nid y lleiaf o'i gyfraniadau i'r Eglwys yng Nghymru yw'r cyfraniad a wnaeth tuag at weld cyhoeddi'r casgliad catholig hwn o emynau ar gyfer gwasanaethau'r Eglwys. Mae'r math ar gefndir a oedd ganddo ar gyfer y dasg hon yn ei hamlygu ei hun yn adran olaf *Agoriadau*, sef 'Rhod y Ffydd'. Dyma gynnyrch oes o fyw a myfyrio ar y calendr Eglwysig, ac y mae'r hyn sydd ganddo i'w ddweud yn yr adran bwysig hon yn rhwym o gyfoethogi myfyrdod a gweddi'r Cristion. Adran i droi ati a'i darllen yn gyson yw'r adran gyfoethog hon.

Rhaid imi ddweud i mi gael pleser mawr o droi tudalennau'r gyfrol hon. Melys moes mwy yw fy ymateb. Clywyd llawer o sôn am 'hen bersoniaid llengar' y ganrif ddiwethaf ac am eu cyfraniad nodedig i fywyd diwylliannol y genedl. Ni ddarfu chwaith ar eu hiliogaeth hwy yn y ganrif hon. Byddaf yn aml yn meddwl am y personiaid y gwyddwn i amdanynt, ac yn rhyfeddu at y modd y cyfoethogwyd ein diwylliant drwy eu gweithiau llenyddol. Ni fynnaf yn awr geisio eu rhestru, rhag ofn gwneud cam â rhywun. Digon i mi yw ychwanegu fy mod yn gwbl sicr fod i'r Canon Glyndwr Williams le diogel yn yr oriel ysblennydd honno. A ddarlleno ei waith, ystyried. Diolch, Glyndwr, am bob peth.

JAMES NICHOLAS
Gorffennaf 1998

AGORIADAU

Mae dau beth anhepgorol i dawelwch meddwl y byddaf yn eu colli byth a hefyd – fy sbectol a'm hagoriadau. Gall y naill a'r llall ddiflannu'n sydyn fel plentyn mewn torf, ac ni ddargenfydd dyn eu bod wedi mynd tan y funud ddiwetha cyn cychwyn i rywle. Mae'n S.O.S. wedyn a phawb yn bwrw iddi i chwilio'n ddyfal, ac ni leddfir pryder nes i rywun weiddi, 'Dyma nhw neu Dyma hi.' Wel, mae'n ormod o bwdin imi sôn am sbectol ac allweddi'n yr un gwynt, ac felly bodlonaf yn awr ar roi fy holl sylw i'r allweddi, wedi gwneud yn siŵr bod y sbectol yn saff ar fy nhrwyn.

Rhyw ddiwrnod yn ddiweddar roeddwn yn dod allan o siop y pentre, a phwy oedd yn dod allan ar yr un pryd ond cymdoges imi, Mair Tŷ Pen, yn wên i gyd ac mor rownd â thwmplen. Roedd ei basged hi'n orlawn hefyd. Cyfarchais hi'n siriol, oherwydd roeddwn nid yn unig yn falch ei gweld, ond sylwi'n ogystal ei bod yn dal i siopa yn siop y pentre. Dyma'r unig un sydd ar ôl bellach. Llyncwyd y lleill un ac oll gan Safeway a Tesco fel pysgod gan forfil, gan greu'r argraff gref mai ar fara'n unig y bydd byw dyn. Roeddwn yn hapus hefyd ei bod yn dal i ddefnyddio basged. Mae'r hen bethau plastig 'ma mor ddienaid.

Beth bynnag, wrth imi gydgerdded yn araf â Mair i fyny'r rhiw yn y glaw, gafaelais yn ei basged i'w helpu, a lledodd hithau'i hymbarel bach glas dros un hanner ohonof a gadael i'r diferion treiddgar fwydo'r hanner arall. Roedd y sgwrs yn ddifyr, a chyn pen dim roeddym wrth ddrws ei thŷ. Rhois inne'r fasged i lawr a hwylio mynd. Ond gofynnodd Mair Tŷ Pen imi aros iddi gael hyd i'r allwedd yn ei handbag. Tybiais innau mai bach o waith a fyddai hynny. Ond a'm helpo. Un o ddirgelion mwyaf merch yw ei handbag, ac fel dyn priod dylswn fod wedi hen sylweddoli nad ar fyr dro y ceir hyd i rywbeth cyn lleied ag allwedd mewn ysgrepan mor ddi-waelod. Wrth gwrs ni theflais ond rhyw gip slei yn awr ac yn y man i gyfeiriad y pwrs llwythog, ond synhwyrais ar unwaith bod fy nghymdoges radlon mewn trafferthion. 'Mae'i yma'n rhywle' meddai, gan droi'r trugareddau wyneb i waered fel ystod o wair, a mynd ymlaen am yr hen ddyddiau pan allai guddio'r allwedd yn ddiniwed dan garreg ger y drws, neu beidio â chloi o gwbwl hyd yn oed. Daliodd i dwrio, a threio'r agoriad hyn a'r agoriad arall, tra'r edrychwn innau draw at y môr neu fyny i dwll y glaw, gan atgofio fy hun nad yr un agoriad sy'n agor pob drws. Dilynais fy myfyrdod nes clywed y llef orfoleddus o'r diwedd 'Rwy' wedi chael hi'. Daliodd Mair yr agoriad colledig i fyny a gweiddi'n llon nes i'r cymdogion glywed. Rhoes hi yn y clo ac agor y drws.

Mae dameg ym musnes yr handbag. Nid hawdd o beth yw dod o hyd i'r agoriad iawn ar amrant. Rhaid chwilio'n ddyfal amdano nes ei gael. Pan oeddym yn gwneud Omar Khayyam gyda Jones bach yn Ysgol Aberaeron gynt, fe'm trawyd gan y llinell, 'There was a door to which I found no key' ac mae wedi aros gyda mi. Y mae 'na bethau sy tu hwnt i'n deall, megis dioddefaint y diniwed. Math ar uffern yw gorfod aros y tu allan i ddrws clo, yn daer am fynd i mewn ond yn methu. Yn narlun Holman Hunt rhaid i Oleuni'r Byd guro wrth ddrws nas agorwyd ers amser maith, a disgwyl mewn amynedd i rywun fel fi ei agor o'r tu mewn. Ond yn nameg yr handbag, y fi sy tu allan. Fi sy'n sefyll mewn penbleth yn y glaw, heb fedru mynd i mewn nes dod o hyd i'r agoriad iawn yng nghanol cant a mil o betheuach eraill sy'n meddwl y gwna'n nhw'r tro. I mi bu'n help i feddwl am Iesu fel allwedd.

Wedi dod o hyd iddi, caf y teimlad hapus ei bod yn gyfuniad o rodd a darganfyddiad. Mae ffydd i'w gweld felly, fel datguddiad a dyhead, fel fflach o oleuni ac fel ymdrech. Dwy ochr i'r un ddalen yw datgelu a chanfod. Agoraf y drws i weld bod drysau eraill i'w mentro a phethau hen a newydd i'w darganfod tu hwnt i'r rheini hefyd. Gormod yw disgwyl y gall troi un allwedd mewn clo agor i bob ystafell, datrys pob cwestiwn a dileu pob amheuaeth. Proses o ddadlennu a dysgu, o dderbyn a chwilio, sy'n arwain at argyhoeddiad ynglŷn â'r gwir. Nid un ergyd nerth braich yw menter ffydd, ond dyfal donc i dorri'r garreg. Nid ar un naid y mae dringo craig serth. Rhaid i'r traed gydio gafael gyntaf, cyn estyn y breichiau a chrafangu'r dwylo at y cam nesaf.

Y mae ymddiriedaeth a chyfrifoldeb yng nghlwm wrth agoriad. Bûm yn disgwyl yn hir cyn cael agoriad y tŷ gan fy rhieni, ac yn hwy fyth i gael agoriad i'm haelwyd fy hun. Am flynyddoedd nid oedd agoriad car ond breuddwyd bell. Ymhen hir a hwyr a mwy nag unwaith, daeth derbyn gofal plwyf i'm rhan, ac roedd dau arwydd i'r ddefod. Yn gyntaf derbyniwn yr allwedd i ddrws mawr y llan, hen allwedd drom fynychaf. Wedyn awn at y gloch a chanu honno i gyhoeddi i'r saint bod ganddynt fugail newydd. Wedi cael yr allwedd fawr doi llu o rai bach i'w chanlyn, ac ymddiriedaeth a chyfrifoldeb wedi'u naddu ar bob un. Mae'r un fath gyda phob allwedd arall, allwedd siop ac allwedd banc, ac allwedd cwpwrdd cyffuriau mewn ysbyty. Nid ar chwarae bach y mae rhoi agoriad i rywun.

Wedi darfod ei gyfrifoldeb rhaid i ddyn ddychwelyd yr agoriadau, i rywun arall eu cael. Mae'n weithred boenus ei harwyddocâd. Ar ôl clywed eu tinc a theimlo'u gafael am yn hir, a mawrygu'u hawdurdod, gall eu hildio fod yn brofiad reit ysgytwol. Dyna pryd y teimlir brath y gwir y bydd popeth yn mynd ymlaen fel cynt, ac nad oes neb yn anhepgor. Mwy ingol byth yw gorfod ffarwelio ag agoriad cartref ac aelwyd, colli annibyniaeth, a mynd dan law a lloches rhywun arall. Derfydd darn o gymdeithas bryd hynny, fel y syrth darn o dir i'r môr.

O Sul i Sul bob cyfle a gaf, byddaf yn mynd i'r llan, nid nepell i ffwrdd, a gyflwynwyd i Bedr Sant. Wrth ddynesu ati mae dau beth yn fy nharo. Yn y glwyd wrth fynd i mewn mae ceiliog bach gwyn wedi'i gerfio mewn haearn, ac un del yw hefyd. Anaml y clywaf geiliog yn canu'r dyddiau hyn, ond tybiaf bod hwn yn canu'n groyw bob Sul wrth i'r saint fynd i'r cwrdd. Fel rheol, ar ben twr neu binacl eglwys y bydd ceiliog yn troi'n osgeiddig gyda'r awel a chrynu yn y gwynt. A hynny i'n hatgofio o'r ddrama yn yr oriau mân, pan droes 'calon apostol yn ddŵr.' Ond yma daeth i glwydo'n isel, rhag i neb sy'n mynd a dod ei osgoi, gan anghofio'u breuder ar un llaw, ac ar y llaw arall bod maddeuant i'w gael wedi cwymp.

Ychydig nes ymlaen ac uwchben drws yr eglwys y mae dwy allwedd fawr wedi'u croesi. Maent yn llawer mwy na'r ceiliog bach gwyn yn y gât. Y rhain yw 'agoriadau teyrnas nefoedd' a roes Iesu i'r un Pedr ag a'i gwadodd. Arwyddant fraint a chyfrifoldeb arweinydd, a'r grym a'r awdurdod sy mor ddengar a pheryglus i ddyn. Pan gyfunir grym â balchder a gor-uchelgais, buan y dechreua lygru'n ddistaw bach fel rhwd mewn peiriant. Da iawn felly bod y ddwy allwedd fawr a'r ceiliog gwyn i'w gweld gyda'i gilydd yn eglwys y plwy. Oherwydd y mae cyswllt oesol rhyngddynt – grym a gwendid, breuder a braint, methiant a meddyginiaeth.

SBECTOL

Bûm yn hir cyn cyfaddef bod rhaid imi gael sbectol. Roedd popeth pell yn dal i fod yn berffaith glir. Darllen oedd y trwbwl. Wedi colli'r dydd gyda phrint mân, down i ben am sbel gyda phrint brasach. Ond roedd yn rhaid dal hwnnw'n fwy a mwy o hyd braich nes iddo fynd dros y gorwel. Yna gorfu imi roi i mewn, a threfnu mynd at Barnet, dewin y gwydrau, a oedd fel mae'n digwydd yn gymydog a chyfaill i mi yng Nghaernarfon.

Rwy'n brolio braidd bod gennyf lygad da at weld cywirdeb a chydbwysedd pethau, a thybiaf imi etifeddu hynny o ddawn oddi wrth fy nhad a'm tadcu – y naill fel y llall yn gyfuniad o ffarmwr a masiwn. Pan gâi 'nhad bâr o geffylau ac arad Llanfihangel y Creuddyn (sy'n awr yn Sant Ffagan), gallai dorri cwys fel saeth ar draws cae a chodi cefn mor hardd. Mewn cymhariaeth, tlawd yw'r ddawn sy gen i – dim ond medru dweud imi lygadu gwraig ddel a bod ei het yn gywir neu ddim, a barnu a yw rhych o datws yn yr ardd yn syth a ffrâm llun yn lefel. Hwyrach imi ragori mwy wrth graffu ar lygaid pobol. Does dim modd gweinidogaethu'n effeithiol iddyn nhw heb ddal a darllen eu llygaid. Mae'r rheini mor hynod o huawdl. Llawenydd a gofid, basder a dyfnder, hwyl a surni, sicrwydd ac amheuaeth, bwrlwm iechyd a phylni salwch – argraffwyd y cyfan yn llyfr y llygaid. Roedd Barnet a minnau nid yn unig yn gymdogion agos, ond mewn gwahanol ddulliau'n dilyn yr un trywydd. Rhyw bethau felna oedd yn mynd drwy'm meddwl wrth imi baratoi ei weld wyneb yn wyneb yn ei gell.

Nid aethom i'r gell ar unwaith. Roedd ef am wybod tipyn o hanes fy llygaid a minnau eisiau gwybod tipyn o hanes y sbectol. Gwyddai'r Rhufeiniaid a'r Groegiaid yn iawn, ebe Barnet, sut gall gwydr chwyddo pethau. Mae'n hen gyfrinach. Roedd yn hysbys i'r myneich a lythrennodd y Llyfr Kells ac Efengylau Lindisffarn mor gywrain, a'u gorliwio mor ogoneddus. Ond beth am William Morgan yn Llanrhaeadr yn cyfieithu'r Beibl o Hebraeg a Groeg i'r Gymraeg hyfrytaf, a phydru arni hyd oriau mân wrth olau cannwyll? Pa mor goch, pa mor ddolurus oedd ei lygaid ef? Dechreuodd gwisgo sbectol ddod i fri mae'n debyg yn y drydedd ganrif ar ddeg, a dyma finnau ar fin blasu'r profiad. Doedd dim amdani'n awr ond dringo ar ôl Barnet i'r oruwch ystafell yn Stryd Llyn a gobeithio'r gorau.

Aeth y dewin â mi i mewn i ystafell dawel dywyll llawn o daclau, a gofyn imi eistedd ac edrych drwy dwll bach bach ar y llythrennau o'm blaen ar y pared. Popeth yn iawn, ond roedd yn rhaid imi benderfynu yn y fan a'r lle drwy ba lens y gwelai'r naill lygad a'r llall hwy gliriaf. Oherwydd gall un llygad fod yn gryfach na'r llall. Wedyn gofynnodd imi rowlio fy llygaid a'u gwibio o gwmpas, a bwrw trem fel barcud i'r dde a'r chwith a lan a lawr a dweud os gwelwch yn dda faint o fflachiadau mân diflannol y medrwn roi cyfrif ohonynt. Roeddwn yn chwys diferol erbyn hyn. Yna defnyddiodd belydryn o olau llachar i chwilio byw fy llygaid a threiddio heibio'r gannwyll i'r dirgelwch sy tu hwnt. Cyn bo hir cyhoeddodd y dedfryd bod rhaid imi gael sbectol i ddarllen ond dim i weld ymhell. Byddai hanner gwydrau'n gwneud y tro i'r dim, a phenderfynwyd felly ar hanner sbectol mewn ffrâm wan ffug-euraidd, y gallwn drwyddi weld i ddarllen, a throsti edrych ar y byd.

Mae rhywbeth od a thlodaidd er hynny mewn hanner sbectol, a chefais y teimlad annifyr cyn bo hir fy mod wrth edrych drosti yn edrych i lawr ar bobol, neu o leiaf yn edrych yn nawddoglyd arnynt. Dywedodd rhywun fy mod yn edrych yn debyg iawn i Norman Tebbitt a oedd yn amlwg yn y newyddion bryd hynny. Aeth rhywun arall ymhellach eto a dweud bod yr hanner sbectol wedi fy heneiddio'n arw. Does neb eisiau clywed pethau felly, a darbwyllwyd fi toc i ddychwelyd at Barnet i gael cant y cant o sbectol. Ac felly y bu. Aethom drwy'r un ddefod â chynt a chyda'r un canlyniad, ond fy mod yn awr i gael sbectol fawr gyda llyn bach yng nghornel y naill wydr a'r llall er mwyn gweld yn agos, a llenwi'r gwagter o gwmpas â gwydr diangen.

Y peth nesaf oedd dewis ffrâm, a dyna gymhlethdod. Mae'n dda bod rhywun wedi gweld posibiliadau trwyn a chlustiau i ddal sbectol. Mae modd cael un o hyd mae'n debyg sy'n glynu fel gelain wrth bont y trwyn, heb unrhyw gysylltiad â'r clustiau. Sbectol annibynnol, ffroenuchel yw honno. A gwelais aml sbectol yn cael ei dal yn ei lle heb niwed yn y byd, gan wifren neu linyn clymu sgubau. Ond roedd rhaid imi gael ffrâm barchus, a daeth y wraig gyda mi i'w dewis. Ychwanegodd hyn at y dryswch. Y cymhlethdod oedd cael un addas i'r wyneb a lliw'r croen, dim rhy hen na rhy ifanc, dim rhy fawr na rhy fach, dim rhy ddrud na rhy rad. Rwy'n meddwl bod y sbectol mor huawdl â'r llygaid erbyn hyn. Wrth eu sbectol yr adnabyddwch hwy.

Un o'r pethau mwyaf gwefreiddiol ynglŷn â Dechrau canu, Dechrau Canmol yw nid y canu ond gwalltiau godidog y merched, a'u fframiau sbectol canmolus. Yn enwedig pan osodir hwy res ar res fry yn y galeri. Hawdd deall sut y gall sbectol greu argraff, ddwysáu dirgelwch, a chyfoethogi neu dlodi personoliaeth. Synnwn i ddim na fydd dylanwad fframau sbectol ar ddynion a merched ac ar y berthynas rhyngddynt yn destun ymchwil M.A. cyn bo hir. Beth bynnag, dyma ddewis y ffrâm briodol o'r diwedd ac i ffwrdd a mi wedyn yn llawen i gyfarwyddo â'r ddau wydr i bob llygad, a dysgu peidio â'u cymysgu mwy, rhag imi gael fy llorio. Hyd yn hyn does dim byd mawr wedi digwydd, ar wahân wrth gwrs bod y sbectol fel yr allweddi'n mynnu mynd ar ddisberod bob hyn a hyn. Ystyriais fynd am y gwydrau cyffyrddol sy'n gwneud i ffwrdd â sbectol yn gyfangwbl. Ond mae'n fenter rhy fawr. Iawn o beth yw i ddyn fynd ar ei liniau, ond nid byth a hefyd i chwilio am y rheini.

Gellir cael sbectol liw i gadw'r llygaid rhag yr haul, a chreu byd gwyrddlas balmaidd neu fyd rhosynnaidd o'n cwmpas pan fo gwres. Ac mae sbectol dywell sy'n cuddio duwch lle nad oes haul na lleuad na lliw na harddwch. Adwaenwn ŵr yn ucheldir Dinorwig a wisgai sbectol felly i ateb y tywyllwch a'i hamdôdd yn sydyn ryw ganol dydd. Roedd yn gweithio yn y chwarel a bu ffrwydriad enbyd. Ni welodd ddim mwy. Rhyw ddiwrnod, wedi imi ddod i'w adnabod yn dda, dadlennodd imi'r Gethsemane a'i dirdynnodd pan ddarganfu na welai olau dydd byth eto. Bu bron iddo roi diwedd arno'i hun, ond aeth yntau ar ei liniau mewn dirfawr ing i ymladd â'r nos, ac ennill y dydd. Pan adwaenwn i ef roedd wrth ei waith bob dydd ar ei dyddyn, ac yn y llan bob Sul, heb na hunan-gwyn na grwgnach. Roedd greddf a chlyw a theimlad wedi cymryd lle'r gweld. Gwroniaid mwya'r byd yw'r rhai sydd wedi ennill buddugoliaeth debyg. Yn ei ymyl ef, fi oedd yn ddall ac yntau'n fy arwain.

Mae llun hunllefus wedi aros gyda mi ar hyd y blynyddoedd. Llun y pentwr gwalltiau a'r garn o sbectolau yn Belsen a Buchenwald a Dachau. Creulondeb erchyll a'u creodd. Cyd-dystiant i'r anfadwaith mwyaf arswydol a ddigwyddodd erioed, rwy'n meddwl, a hynny nid mewn oesoedd gwyllt a thywyll, pell yn ôl, ond yn ein canrif olau ni, ac ymhlith pobl a fagwyd mewn gwareiddiad Cristnogol. A ninnau wedi mynd i synied bod cynnydd yn anorfod ac mai'r cyfan sydd eisiau yw mwy o addysg, fe'n twyllwyd i feddwl y doi popeth yn olreit yn y man. Nid felly. Trwy sbectol Belsen a Buchenwald gwelwn i ddyfnderoedd tywyll natur dyn. Duw a'n gwaredo.

CLYCHAU

Mae 'na atyniad rhyfedd i blant mewn clychau, ac i minnau gyda nhw. Pan ddaw'r wyrion bach ar eu tro i weld tadcu a mamgu, a chael hyd i'r mân glychau a guddiwyd yn aflwyddiannus yma a thraw, creant dwrw byddarol mewn eiliad. Ychwaneger cloch y drws a chloch y teliffon a dyna fedlam go iawn. Diolch mai telynau a fydd yn y nefoedd ac nid clychau, er bod modd cael mwy na llond bol o'r rheini hefyd.

Mae dwy o'r clychau o ddiddordeb arbennig imi. Cloch wledig syml yw un, gyda dolen o ledr i'w rhoi am wddf dafad neu afr. Cloch bugail a sŵn swrth di-atsain iddi, ond sŵn yn cario er hynny. Cynan a ddaeth a hi'n ôl o Facedonia adeg y Rhyfel Cyntaf. Yn ei gân i Fonastîr disgrifia sut mae'n clywed yn ei ddychymyg yn y cwrdd misol diflas hwnnw pan oedd rhyw ddiacones yn annerch o'r sêt fawr, sŵn clychau'r defaid. Safai'r ddiacones o'i flaen a'i gwallt yn barchus-dyn, ond Chloe y fugeiles o Fonastîr a welai ef, gyda lliwiau'r haul ar ei grudd a'i gwallt yn dylifo'n rhydd o dan gadach sidan melyn;

> Rhedai yn droednoeth ataf a chusan ar ei min,
> Nid oedd ond clychau'r defaid i dorri ar ei rhin.

Mae'r gloch arall yn dra gwahanol, ond nid yw hon chwaith heb ei rhamant. Cloch o bres trwchus yw hi wedi'i haddurno'n gain, a thinc melysber iddi. Mae llun llew ac oen, eryr a phelican wedi'u cerfio arni gyda'r enw Lladin uwchben pob un – Leo, Agnus, Aquila, Pelicanus. Ei chael yn rhodd a wneuthum rhywdro, a thybiaf ei bod o dras uchel. Rwy'n siŵr braidd iddi fod yn gloch allor ar un adeg, i wysio meddyliau crwydrol y saint at y bwrdd, a'u hoelio ar ddirgelwch cyfrin cysegru'r bara a'r gwin. Pan ddyrchefir torth o fara a chwpan o win i gofio Iesu, cyfunir cryfder llew a grym esgyll eryr â diniweidrwydd oen ac aberth pelican. Dyna yw neges y gloch.

Cafodd hon y fraint o fynd i'r cysegr, 'run fath â'r clychau aur a wisgai'r archoffeiriad wrth odre'i fantell yn y deml yn Jerwsalem. Pan âi drwy'r llen i'r cysegr sancteiddiolaf i gyfarfod â Duw a gwneud cymod dros y bobl, ofnai'r bobl y gallai'r profiad arswydol fod yn ormod iddo. Ond tra clywent dinc y clychau, gwyddent ei fod yn fyw. Y rhain oedd y 'clychau llawn' a glywodd Ann Griffiths yn seinio 'sŵn maddeuant i droseddwyr.'

Rwy'n meddwl y byd o'r ddwy gloch-cloch y ddafad a chloch yr oen.

Mae'n werth aros weithiau i glustfeinio ar chwech neu wyth o glychau'n seinio'n llyfn o dŵr eglwys, heb na herc na naid. Gall cloch tŵr mewn cwmni fod yn hynod o anystywallt, fel y gwn o brofiad. Nid ysgwyd o un ochr i'r llall yn sidêt a wna, a'i thafod yn taro'r ymyl yn gyson fel cloch yr ysgol slawer dydd, ond taflu'i phennol dros ei phen fel clown mewn syrcas. Ar y dechrau roeddwn yn dueddol i roi plwc rhy rymus i'r rhaff, a bu bron imi gael fy nyrchafu i'r nefoedd cyn pryd lawer tro. Ond os tynnwn ry ychydig wedyn âi'r rhaff fel clwtyn llestri yn fy llaw a chawn y teimlad anghysurus bod y gloch, wedi colli'i mynd, ar y ffordd i lawr ataf yn garlibwns. Weithiau neidiai'r rhaff o'm gafael fel llinyn ceit mewn gwynt, ac roedd y gloch wedyn fel ceffyl yn rhedeg bant a'r rhaff yn cordeddu fel neidr wrth iddi gael ei lluchio a'i llachio ar draws y tŵr. Yr unig beth i'w wneud bryd hynny yw rhoi naid i'w hadfeddiannu a'i dal fel llew. Mae'n dipyn o gamp cadw rheolaeth ar gloch, a mwy byth i ddysgu dilyn rhaff rhywun arall o gornel llygad, a chreu gyda'r criw batrwm modrwyog o sain gwastad am oriau bwygilydd. Ond mae'n dda i golli pwysau. Os oes rhywun yn chwilio am le i gynnal dosbarth 'Keep Fit' tŵr y llan amdani!

Er difyrred fodd bynnag yw sŵn clychau mewn cytgord, go brin ei fod yn rhagori ar wefr clywed un gloch yn seinio ar yr awel o glochdy pell ar fore clir. Fel a gyfleir yn llun Millet – Yr Angelws. Cyn dechrau peintio roedd Millet 'n gweithio ar ffarm ei dad yn Llydaw, ac nid anghofiodd ei wreiddiau. Gwerinwyr tlawd y tir a anfarwolwyd ganddo yn ei weithiau gorau – Yr Heuwr, Y Lloffwyr, a'r Cneifwyr. Mae blas ei henfro ar bob un. Nhw hefyd yw testun Yr Angelws.

Adeg cynhaeaf yw hi, ac mae gŵr a gwraig wedi mynd i'r cae gyda berfa a basged a fforch ddeirpig i godi'r cnwd o'r rhychau. Buont wrthi ers meitin oherwydd mae un sach yn llawn wedi'i chlymu'n y ferfa, a'r llall yn hanner llawn. Mae'r fasged hefyd yn dechrau llenwi. Ond yn awr cânt egwyl ar ganol eu gwaith, a hoe ddadlennol yw hi. Saif y fforch yn segur ac maent hwythau'n eu sefyll yn hanner wynebu'i gilydd, eu pennau'n grwm a'u llygaid ynghau. Deil y dyn ei het fach fflat yn ei ddwylo gerfydd ei chantel, tra gwyra hithau ymlaen ychydig gyda'i boned ar ei phen a'i dwylo'n bleth ar ei dwyfron. Darlun hyfryd o ddefosiwn diffuant mewn dillad gwaith, ac allan o olwg pawb yn unigedd digyffro cefn gwlad. Yn ystum ddiymhongar y gwerinwyr mae priodas rhwng y naturiol a'r goruwchnaturiol, a does dim rhwyg rhwng y materol a'r ysbrydol, rhwng gwaith a gweddi. Mae traed y ddau ar y ddaear a'u llafur caled yn y pridd, ond yn y funud dawel, a hwythau'n cydio nef a daear, gwelir cymaint mwy na'u gorchwyl ydynt.

Beth yw'r rheswm am yr egwyl ar ganol cae ganol dydd? Draw ar y gorwel gwelir tŵr eglwys yn codi dros y gwastatir, a thinc y gloch o hwnnw sy wedi oedi'r gwaith. Mae'n awgrymog mai o'r gorwel y daw'r sain, oherwydd mae mwy dros bob gorwel nag a wêl y llygad noeth. Gwyddant o nifer y seiniau mai canu'r Angelws a wna'r gloch i goffáu cyfarchiad Gabriel i Fair Fendigaid, a'i neges syfrdanol mai hi a fyddai mam Iesu. Oni bai am y gloch efallai y byddent wedi llwyr anghofio, ond dyna a fu priod waith cloch erioed – galw sylw ac atgofio, nodi'r amser a chyhoeddi neges, weithiau'n llon ac weithiau'n lleddf. Ym moesgarwch boneddigaidd y llafurwyr, adlewyrchir gwyleidd-dra Mair wrth iddi ymgymryd â rhoi bod i greadigaeth newydd. Yn ôl trefn honno, yr addfwyn sydd i etifeddu'r ddaear.

Mae gennyf ddwy gloch arall yn fy meddwl yn awr. Digwyddant mewn dau ddarlun a beintiwyd nid â brwsh ond mewn geiriau. Isaak Walton sy'n sôn am George Herbert, y bardd athrylithgar a anwyd yng Nghastell Trefaldwyn yn oes Elsiabeth 1af, ac a fu'n rheithor plwyf Bemerton ger Salisbury am dair blynedd fer. Y dydd y cafodd ei osod yn ei blwyf aeth i'r eglwys i ganu'r gloch, er mwyn hysbysu'r plwyfolion yn ôl yr arfer bod ganddynt reithor newydd. Arhosodd cyhyd nes aeth cyfaill i weld ble'r oedd, a'i gael yn gorwedd ar ei hyd o flaen yr allor mewn defosiwn dwys.

Fe gân y gloch yn yr ail ddarlun hefyd. Disgrifia Walton sut yr âi'r rheithor a'i briod i'r eglwys am ddeg y bore a phedwar y prynhawn i gynnal y ddyletswydd ddyddiol. Ar ganiad y gloch cyrcha'r plwyfolion i ymuno â hwy. 'Roedd ganddynt y fath barch a chariad at Mr. Herbert, fel y gadawent i'r arad orffwys er mwyn ymuno ag ef yn y gweddïau, cyn dychwelyd eilwaith i dorri cwys.' Ar ganiad cloch yr Angelws, dau sy'n aros ar ganol gorchwyl i glustfeinio ac anwylo'r neges o'r gorwel. Yn Bemerton daw'r bobl at ei gilydd i rannu rhywbeth na fedrent ei lawn ddirnad wrthynt eu hunain. Mae'r gloch yn galw i'r ddeubeth.

Mae'r gloch yn galw o hyd ond llai a llai yn ei hateb. Onid yw'n perthyn i'r oes o'r blaen? Rydym wedi tyfu i fyny'n awr ac nid oes

17

eisiau teganau mwyach. Gan hynny gadawer i'r tyrau ddistewi, un yma ac un acw, nes na ddaw'r un dinc o'r gorwel i'n haflonyddu. Rhyw ddiwrnod fe glywn y distawrwydd, a gofyn beth sy'n bod.

DIFATERWCH

(Trosiad o 'Indifference' G. A. Studdert Kennedy)

Pan ddaeth i fryn Golgotha, fe'i hoeliwyd ef ar groes,
Ei draed a'i ddwylo a wanwyd, a dirfawr oedd ei loes;
Â choron ddrain y gwisgwyd ef, a'i glwyfau'n waed i gyd,
Mewn dyddiau creulon, nid oedd dyn ond sbwriel gan y byd.

Ond pan ddaeth ef i . . . ni sylwodd neb pwy oedd,
Gadawyd Iesu i farw heb unrhyw ing na bloedd;
Roedd pobol yn dynerach na'i roddi ef ar braw,'
Mor. hawdd oedd cerdded lawr y stryd, a'i adael yn y glaw.

'O maddau eu hanwybod' eb Iesu'n groch ei lef,
Tra gwlychai'r oerlaw at y croen drwy'i ddillad carpiog ef;
Pan droes y dorf o'r ddinas, gwag oedd ei strydoedd hi,
Ac yntau'n crymu wrth y mur, rhoes waedd am Galfari.

Y BRAWD

Na nid am Ifan, y brawd o'r un gwaed â mi y soniaf, ond am y teclyn rhyfeddol sy'n gorwedd o'm blaen y funud hon, a'r enw Brother yn glir arno. Fe'i gwnaethpwyd ym Mhrydain ond gwaed Japaneaidd sydd yn ei wythiennau, 'run fath â'r hen Driumph Acclaim sydd gennyf. Tybiwn fy mod yn prynu un o geir y wlad hon pan brynais hwnnw, dim ond i ddarganfod mai'r Japs a wnaeth yr injan. Un dda yw hi hefyd chwarae teg. Pellhaodd y cof am eu creulonderau yn y rhyfel ac am alanas anrhaethol Hiroshima a Nagasaki, ond nid oes dianc rhag pres ac ynni'r Japaneaid nac athrylith eu technoleg. Yn awr pob pant a gyfodir a phob mynydd a bryn a ostyngir i hyrwyddo'u dyfodiad i'n plith, a'n gwaredu rhag diweithdra. Pwy a broffwydai hynny hanner can mlynedd yn ôl? Rhyfedd yw troeon hanes.

Bu tair gris i'm hymgais i fynegi fy hun ar bapur. Y ris gyntaf oedd dysgu sgrifennu, ond nid oes gennyf gof o gwbwl am y sgriblo cyntaf. Pan euthum i'r ysgol, llechen fach las mewn ffrâm o bren oedd maes yr ymgodymu, a chofiaf yn dda am wichian main y bensel garreg wrth fynd rownd y llythrennau bras. Yn rhyfedd iawn darganfûm ymhen blynyddoedd wedyn o ble y doi'r llechi bach a'r fframau pren – o hen ffatri Samuel Jones ym mhlwyf Llandinorwig yn ardal y chwareli, lle cefais y fraint o fod yn Ficer. Wedi'r llechi daeth y papur. Rhoddai Mr. Jones, prifathro ysgol y pentre bwyslais mawr ar lythrennau crwn clir, a bob hyn a hyn ysgrifennai'n ddestlus ar y bwrdd du a gofyn inni'r plant gopïo'i gampwaith. Ond peth personol yw ysgrifen, a datguddiad i ryw raddau mae'n debyg o agwedd a chymeriad rhywun. Ni wn beth a ddywed fy ysgrifen fân amdanaf fi, ond o glywed cwyn cyn amled na fedrai pobol ddehongli fy llaw, aeddfedais o'r diwedd i brynu teipiadur. Ac wele daeth eglurdeb. Bûm yn colbio ar hwnnw ac ar eraill a'i dilynodd am gyfnod maith, nes i'r Brawd gyrraedd a'm dyrchafu i uchelder y drydedd ris. Nid arfaethaf ddringo'n uwch.

Teipiadur yw'n Brawd hefyd petai'n dod i hynny, ond mae'n fwy na theipiadur a chanddo enw rhagorach. Prosesur geiriau y gelwir ef, ac os na chaiff ei briod deitl gall fod yn reit flin. Yn wir gall fod yn bur styfnig weithiau a gwrthod yn lân ufuddhau i mi. Digon anystwyth a swnllyd yw ei deipio, ond dewch ati pan fo'n prosesu. Mae'r cyffyrddiad lleiaf yn ei oglais bryd hynny a gwneud i'w lygad bach du wincio'n chwareus. Y peth mawr yw cadw'r llygad gwibiog rhag crwydro, a'i gocsio'n ôl at y bwrdd pan ddigwydd iddo roi naid sydyn o'r golwg. Gyda'r llygad yn ei le, gellir mynd ymlaen â'r gwaith yn gwbwl lân a di-stŵr. Un distaw yw'r Jap wrth ei waith.

Pan fo'r Brawd a minnau wrthi mewn tawelwch dwyreiniol daw ambell syniad diwinyddol imi. Soniaf am dri. Yn gyntaf, mae'r Brawd yn falch cael cywiro camgymeriadau a maddau pechodau rif y gwlith, gan eu llwyr ddileu ar amrant fel nas gwelir mwyach. Yn ail mae'n arddel term diwinyddol Saesneg. Justification yw hwnnw. Cyfiawnhad yw'r gair Cymraeg. Golyga hyn y gall Brawd mewn eiliad ail-osod geiriau, fel bo'r print lawr ymyl dde'r ddalen yn berffaith union. Troi anuniondeb yn uniondeb, a dyna yw cyfiawnhad. Yn drydydd, gallaf gladdu sgriptiau di-rif rhywle ym mol cyfrin y Brawd a'u hatgyfodi drachefn yn y corff pryd y mynnaf. Haleliwia ddyweda i.

Mae ganddo hefyd gof dihysbysydd. Fel y dywedais gall gadw ar glawr am byth am wn i y syniadau gwasgarog y ceisiaf eu mynegi, a rhoi iddynt yr anfarwoldeb nas haeddant. Gall hefyd fy helpu i sillafu'n gywir. Dywedir bod miloedd ar filoedd o eiriau Saesneg yn ei grombil a'i fod yn cofio sut i sillafu pob un. Mae'r peth yn ddirgelwch llwyr i mi, ond wedyn go brin y deallaf fy mol fy hun, gan mor rhyfedd ac ofnadwy y'm gwnaed. Nid yw'r Brawd yn gyfarwydd â sbelio Cymraeg hyd yn hyn gwaetha'r modd. Fe ddaw hynny mae'n siŵr. Ond gall sgrifennu Cymraeg yn eitha, a Groeg a Hebraeg ac amryw o ieithoedd eraill. Hwyrach ei fod yn medru Siapanaeg hefyd synnwn i ddim. Nid yw'r dewin wedi datgelu'r cyfan o'i gyfrinachau imi eto. Diolch byth bod modd ei ddefnyddio heb ei ddeall.

Mae'n bur amlwg erbyn hyn, cyn belled ag rwyf fi'n y cwestiwn, fod y Brawd fel popeth arall technegol yn perthyn i fyd arall. Ond nid oes dianc rhag y byd hwnnw. Pwysa arnom bob cynnig i barhau'r chwyldro di-atal yn ein ffordd o feddwl ac o fyw. Y chwyldro mawr cyntaf yn hanes dyn oedd darganfod bod modd trin y ddaear, a chael cynhaliaeth ohoni. Yr ail newid sylfaenol oedd y chwyldro diwydiannol a ddenodd bobl yn eu miloedd o gefn gwlad i'r gweithfeydd newydd, a chreu yno gymdeithas tra gwahanol i gymdogaeth y tir. Hen stori yw honno bellach. Rydym yn awr yng nghanol y trydydd chwyldro – y chwyldro technegol, na all neb ddarogan ei gwrs na mesur ei ganlyniadau. Daeth llawer o fendithion yn ei sgîl. Mae bywyd yn hwylusach, gwaith yn ysgafnach, a gwybodaeth yn nes i'r wyneb. Ond dyma'r dechnoleg hefyd sy'n rhoi miloedd di-rif allan o waith ble bynnag y cerddo, a chreu ansicrwydd a dryswch enbyd. Prin y gall neb ddweud yn awr bod ei waith yn ddiogel, a gwiriondeb yw addo y bydd gwaith i bawb maes o law. Dysgu rhannu'r gwaith sydd ar gael yw'r angen yn awr, a dysgu bod hebddo, er mor anodd yw hynny.

Rhaid para i ofyn a yw technoleg er mwyn dyn neu ddyn er mwyn technoleg. Trof at y Brawd a holi beth yn ei farn ef sy'n cael ei greu ar hyn o bryd a beth sy'n cael ei ddinistrio, beth sy'n cael ei blannu a beth sy'n cael ei ddiwreiddio. Perchen ai perthyn, ystadegau ai pobl, ffeithiau ai gwerthoedd – prun sy bwysicaf? Nid etyb. Llygad sydd iddo, ond ni chenfydd; cof sy ganddo, ond ni ddirnad. Mae'n dda cofio mor gyfyng yw ei faes, er clyfred yw. Felly cystal imi roi'r gorau iddi ac edrych dros hyn o druth, a'i gywiro. Lle pery diffygion y fi fydd ar fai. Y fi, nid y cyfrifiadur. Oherwydd ceidwad fy Mrawd ydwyf fi.

Gyda llaw rwy'n hynod o falch fod y Brawd yn medru ymlacio. Wedi'r cyfan, pwrpas technoleg yw arbed amser ac ysgafnhau baich. A chymaint o gyfarpar yn llenwi pob man, mae'n anodd deall pam bod cynifer yn cwyno eu bod dan bwysau mor fawr, a heb funud i sbario. A aethom yn gaeth i'n clyfrwch? Ond chwarae teg, gwelaf bod y Brawd yn cefnogi tîm Dinas Manceinion. Mae'i enw'n fras ar grysau'r bechgyn bob dydd Sadwrn. Piti rywfodd na fyddai wedi mynd am United.

21

CARDOD

Yr olygfa yw fferm ar lan y Fenai sydd wedi arall-gyfeirio er mwyn denu ymwelwyr o bell ac agos i'w chynteddau. Llwyddodd yn eithriadol yn hynny gan roi blas y tir i luoedd haf ar ôl haf. Drwy'r hen sgubor, sy'n llawn o dedi bêrs a thrugareddau tebyg, y mae mynd i mewn, a dyma'r lle i ymorol am werth ugain ceiniog o fferins bach brown i'r anifeiliaid. Allan wedyn i'r iard sgwâr sy'n fyw o bobl ac ieir a cheiliogod, ac ambell fyn gafr sy'n meddwl mai hi biau'r lle. Trown am y sied fawr a llwybro drwy ganol cynulleidfa ddisgwylgar o loi a geifr a defaid ac ŵyn swci, a chwningod bach del. Disgwyl am y fferins y mae nhw a phob un yn ceisio gwthio 'mhellach a chodi'n uwch na'r llall, i lyfu'r danteithion yn awchlym o dor llaw ar ôl llaw. Ychydig nes ymlaen mae hwch yn gorwedd ar ei hyd yn y gwres gan anadlu'n drwm, ac o hyd coes deg o foch bach pinc yn cysgu yn y gwellt, ac yn tynnu ar eu gwynt fel y fam. Allan â ni wedyn ac am y cae, sydd wedi ei ffensio'n ofalus. Heibio i'r hwyaid ar eu hynys a'r ddau fochyn boliog o'r dwyrain, ac at y ferlen a'r asyn a'r lama a mwy eto o eifr a defaid. Ar ddiwrnod braf mae'n fendigedig o le i arafu ac ymlacio. Ond fedra i ddim dweud fy mod yn hapus ynglŷn a'r anifeiliaid yn y sied, carcharorion canol haf sydd â'u boliau'n dynn a'u byd yn wag.

Cynigir dwy reid wahanol o gwmpas y ffarm ar dreiler tractor, y naill yn gyrru megis corwynt a'r llall yn ymdroi fel tes y glennydd. Bûm ar y ddwy fel mae'n digwydd, ond ar yr ail y gwelais y dair caseg wineu. Safent fel delwau gyda'i gilydd yng ngwaelod y cae a'u pennau tua'r gât, heb godi llygad na symud gewyn wrth i'r tractor a'i lwyth ddod i mewn. Yno'r oeddynt yn cysgu ar eu traed fel coed yn crino, a'u clustiau'n llipa fel hwyl ddi-awel. Ond gwyddent o brofiad y doi'r cerbyd atynt yn y man, ar ôl mynd trwy ganol y da bach a'r defaid ac osgoi'r tarw. Ac felly y bu. A ninnau'n tynnu at y gwaelod, dyma'r cesyg yn codi'u clustiau i'n derbyn. Arhosodd un lle'r oedd, aeth yr ail rownd i'r ochr arall, a chymerodd y drydedd ei safle reit yn y ffrynt. Dyma'r cynllun strategol i ddal yr ymwelwyr a llyfu o'u llaw.

22

Rhaid mynd ymhell i weld tair caseg mwy cydnerth a lluniaidd na'r rhain, pob un yn ddwy law ar bymtheg o daldra ac yn amlwg o dras bonheddig. Ond ni wyddant beth yw gwaith. Does dim gwaith ar eu cyfer. Dydd ar ôl dydd does dim i'w wneud. Pan fyddan nhw'n cael sgwrs does neb yn sôn am waith. Efallai bod yr hynaf o'r dair yn cofio o bryd i'w gilydd am ei nain yn adrodd sut roedd hi'n aredig a llyfnu a lladd gwair a medi a mynd am dro i'r dre i nôl llwyth o hyn a'r llall. Mynd wedyn yn yr haf fel pin mewn papur i Sioe Môn i weld y byd. Roedd ceffylau'n rhywun bryd hynny. Ond mae'r cof am bethau felly bron â phallu. Ambell waith fe fyddan nhw'n teimlo'n reit isel, 'Dyma ni,' medden nhw 'â'n henwau crand – Queenie, Duchess, a Princess – a da i ddim ond at gardod ac i bobol rythu arnon ni, heb neb yn hidio sut rydym yn teimlo, na gofyn lle mae'r esgid fach yn gwasgu.' A bywyd yn troi yn ei unfan heb gyfle byth i roi, a segurdod wedi treiddio i'r mêr, pa ryfedd iddynt neilltuo i waelod y cae?

Daeth amser gadael, a dyma'r tractor yn cychwyn gyda jerc. Tro bach byr, a dyna'r cesyg yn gwasgu'n swrth at ei gilydd a llithro'n ôl i'w byd bach. A dyna'r gip olaf a gefais arnynt – tair caseg wineu gydnerth a hardd yn sefyll fel delwau ar waelod cae, eu pen at y glwyd a'u clustiau'n llipa. Heb ddim oll i'w wneud ond disgwyl.

HELICOPTER

Dyma hi'n dod eto, yr helicopter felen, ei llafnau'n chwipio'r awyr a'i golau'n fflachio. Hofrennydd yw'r enw Cymraeg arni ac mae'n enw da, ond tybiaf mai he-li-cop-ter sy'n cyfleu ei sŵn caled orau. Daw'n fynych o gyfeiriad y môr neu'r mynydd, ac o hir gynefino adwaen ei thwrw o bell. Yr un llwybr a ddilyna bob amser i ben ei thaith. Rhydd hanner tro cyn diflannu'n sydyn tu cefn i'r ysbyty a glanio ar y llain gul sy'n disgwyl amdani, gan greu cylch o wynt nerthol yn rhuthro a wna i bawb a phopeth blygu.

Gwn pam y daeth. Bu rhywun mewn trybini ar ysgythredd y mynydd neu ym merw'r môr. Atebodd hithau'r alwad a phrysuro i'r fan, a hofran yn hir i waredu. Nid yw gwaredigaeth o'r ddaear bob amser yn bosibl. Yn aml rhaid wrth gymorth oddi fry a menter lew i gyflenwi'r gamp. Ambell waith nid oes eisiau ond gollwng rhaff neu ysgol raff i lawr, i bwy bynnag sy'n y gwaelod gael cydio ynddi. Yna fe'i tynnir i ddiogelwch heb drafferth. Ond yn amlach na heb, rhaid i rywun ddisgyn gyda'r rhaff i roi ymgeledd yn gyntaf i'r sawl a frifwyd. Ei gofleidio'n dynn wedyn a'r ddau'n cael eu codi'n grwn ym mreichiau'i gilydd. Mae'r holl beth yn rhyfeddol o fedrus a dewr ac yn ffrwyth ymarfer hir a manwl. Y peth nesaf yw cyrchu'r ysbyty ar ras, rhag bod yn rhy hwyr. Bob tro y daw'r helicopter felen heibio, gwn mai rhyw ddrama o'r fath sy'n y cefndir. Ychydig funudau o ddistawrydd a chwyd eto'n syth o'r llain, cyn troi a chwyrnellu o'r golwg dros y gorwel. Tan y tro nesaf.

Nid yr un yw'r helicopter â'r autogiro a adwaenwn gynt. Gwerthyd (helics yn y Roeg) yn codi'n syth o'r peiriant sy gan hofrennydd, gyda llafnau hir wedi'u cydio wrthi a'i gordoi. Ond gwyntyll ar y tu blaen sy gan y llall, fel ar awyren gyffredin. Beth bynnag am hynny, grym gwynt a gynhyrchir wrth guro'r awyr sy'n codi'r naill a'r llall, ac yn eu cadw i hedfan. Ar hofrennydd hefyd y mae rhod syth sy'n troi yn y cefn ac yn cadw'r peiriant rhag mynd ar ei ben i'r ddaear. Methiant y rhod gefn a wnaeth i'r hofrennydd blymio i ddyfnderoedd Llyn Padarn rai blynyddoedd yn ôl. Clywais mai Leonardo de Vinci oedd y cyntaf

24

i ganfod posibiliadau hofrennydd. Roedd hynny bum can mlynedd yn ôl, ac mae'i gynlluniau ar gael o hyd. Ond mae'r egwyddor o esgyn ar awel a gwynt cyn hyned â'r cread, a gŵyr adar a choed a phlanhigion y cwbwl amdani heb edrych ar gynllun yn y byd. Yn yr hydref, a'r coed ynn a'r sycamorwydd yn bwrw'u had ar y gwynt, mae'r awyr yn llawn o'r hofrenyddion delaf a welodd dyn erioed.

Er amled y gwelaf awyren, codaf fy ngolygon bob tro, oherwydd nid oes ball ar hud a lledrith dyn yn hedfan. Cofiaf y tro cyntaf imi weld awyren. Yn ysgol Llanddewi yr oeddwn ar y pryd, Llanddewi Aberarth hynny yw. Yn gynnar un prynhawn fe'n cerddwyd filltir a mwy gan Mr. Jones y prifathro (yr un Mr. Jones ag a ysgrifennai mor gywrain ar y bwrdd du) i gae Drenewydd ger Aberaeron i weld eroplen rhyw Gapten Barnard. Erys gwefr y gip gyntaf arni o hyd. Roedd fel rhyw eryr anferth wedi disgyn o'r awyr. Un fach oedd hi mewn gwirionedd, ond roedd yn fawr i ni. Roedd fy nghartref i hefyd yn fawr fel palas yr adeg honno. Dim ond wedyn yr aeth yn llai. Yno y buom drwy'r prynhawn yn llygadrythu ar Capten Barnard yn hedfan 'nôl a mlaen dros y bae, a gwylio'r dewrion a fentrodd i fyny gydag ef yn dod allan o'r awyren wedi iddi ddaearu, gan gerdded yn gam a'u gwalltiau ar chwâl. Roeddym yn glustiau i gyd i'r sibrwd edmygus am a welsai'r capten yn y môr. 'Young shark in the bay' oedd un o'i ddywediadau mawr. Morlo a welsai mae'n debyg. Ni chymerai'r gwylanod unrhyw sylw ohono. Roeddynt wedi llygadu'r cyfan o'i flaen, a gwyddent er ei sŵn i gyd, na fedrai gystadlu â'u hediad gosgeiddig hwy. A fyny dros Fanc Drenewydd roedd cudyll yn hofran heb symud, a dau foncath yn yr entrych yn ymgodymu yn yr haul.

Rhyw flwyddyn neu ddwy ar ôl Capten Barnard, daeth Syrcas Awyr Syr Alan Cobham i gaeau gwastad y Morfa Mawr uwchben y bae. Roedd deuddeg o awyrennau i gymryd rhan yn honno. Dyna'r tro cyntaf imi weld hofrennydd – *autogiro* yn hytrach – a chraffu arni'n codi a disgyn heb redeg. Diwrnod tesog ym mis Awst oedd hi a'r môr yn estyn draw at Enlli fel gwydr. Ymhlith y rhyfeddodau eraill ar y maes roedd 'na awyren a ddaliai gyswllt radio â'r llawr, gyda'r peilot yn gwrando ar y gorchmynion a ddoi oddi isod, ac a glywem ninnau'n glir. Ymatebai yntau ar unwaith. Ysgydwai ei adenydd a mynd igam ogam a neidio â'i din dros ei ben. Codai'i drwyn i'r awyr a saethu i fyny, cyn disgyn fel carreg tua'r ddaear. Ar hynny daeth dyn allan o awyren arall a cherdded ar ei hadain gan chwifio'i ddwylo a gwneud camocs, tra'r oedd y peilot yn gwneud ei orau glas i gael gwared arno. Ni lwyddodd diolch byth.

Ond y peth a'n denodd fwyaf i'r syrcas oedd yr hysbyseb syfrdanol fod John Tranum yn mynd i neidio allan o eroplên a disgyn mewn parashwt 'from a height of three miles.' Fedrwn i na neb arall o'm ffrindiau ddirnad y peth. Clywswn yr athro'n yr Ysgol Sul yn sôn am yr eryr yn cyffroi ei nyth a thaflu'r cywion allan i'w dysgu i hedfan, a lledu'i adenydd wedyn i'w cymryd ato a'u cludo ar ei esgyll. Meddwl oeddwn i mai rhywbeth felly a ddigwyddai i John Tranum – y byddai'r awyren, ar ôl ei ollwng i'r gofod, yn gwneud deif o dano ar ei ffordd i lawr, a'i achub rhag taro'r ddaear. Rhois y mater gerbron y bechgyn, a doedd gan neb well damcaniaeth. Pan ofynnais i 'nhad am y peth, ei ateb oedd bod Iesu Grist wedi gwrthod neidio o ben pinacl y deml, a bod dyn wedi mynd rhy ewn. Mor fach oedd ein byd, mor syml ein meddyliau.

Yn y diwedd roedd yr hysbyseb yn fwy dramatig na'r digwyddiad. Roedd y cwbwl drosodd mor sydyn. Wnaeth y dyn ddim mynd i fyny dair milltir. Gallai pawb ei weld yn glir yn dod allan o'r awyren a sefyll ar ei hadain, cyn bwrw'i hun i lawr i'r gwagle. Agorodd y llenlliain yn y man, a hedodd John Tranum yn gyflym ond yn llyfn i waered. Glaniodd ar ei ben ôl (ynghanol dom buwch ebe rhywun) gyda'i draed i fyny. Ond cododd yn ebrwydd i ddal fel llew ar yr hwyl wen a'i llusgai hyd lawr. Nid anghofiaf byth am y syrcas awyr ar y Morfa Mawr ym mwynder Awst. Ni ddaeth i'm meddwl bryd hynny i ofyn beth a wnâi dyn o'i allu i hedfan. Roedd yr awyrennau fel adar dof y prynhawn hwnnw. Buan y dysgais y gallent droi'n adar rheibus.

Ond yn ôl at yr helicopter. Pan welaf hi ar ei ffordd i'r ysbyty, y da sy'n ennill. Achub yw diben hon. Hi sy'n chwilio oddi fry am yr un sydd ar goll. Hi sy'n gwneud amser i ddod i'r adwy. Mynd heibio heb gymryd sylw a wna'r awyren bleser sy'n mynd am dro ar fore braf. Mynd heibio heb weld a wna'r awyren fawr sydd ar ei ffordd i ben draw'r byd, a dim ond sŵn ei mwmian trwm i'w glywed uwch y cymylau. Mynd heibio ar wib ddidostur a wna'r jet wrth rwygo'r awyr a neidio dros ben cloddiau nes codi arswyd ar ddyn ac anifail. Yr helicopter yn unig sy'n aros. Hi'n unig sy ddim yn gwneud esgus. Ganddi hi y mae'r rhaff. Ganddi hi y mae'r olew a'r gwin i'w dywallt ar y clwyfau. Hi yw'r anifail sy'n cludo'r clwyfedig i'r llety. O'i gweld yn agos nid oes iddi na phryd na thegwch i'w ddymuno. Ond rhyw brynhawn heulog un gwanwyn fe'i gwelais yn hofran yn y pellter rhwng nef a daear, ac eira'r mynydd yn gefndir disgleirwyn iddi. Roedd mor llonydd â phetai wedi cael ei hoelio yno. Ni welais ei thecach.

26

GARDD

'God almighty first planted a garden.' Dyna sut mae Francis Bacon yn dechrau ei draethawd ar erddi. Ef oedd Ceidwad y Sêl yn amser Elisabeth 1af, a chred llawer mai ef oedd awdur y dramâu a briodolir i Shakespeare. Beth bynnag am hynny, does dim dadl nad oedd yn ddyn o allu eithriadol. 'Duw hollalluog oedd y cyntaf i blannu gardd.' Dyna sicrhau bri ac urddas gardd am byth. Hebddi, ebe Bacon, di-lun yw pob adeilad a llwm bob palas.

A'i eiriau ar fy meddwl, edrychaf allan ar fy ngardd fy hun. Dechrau Chwefror yw hi. Mae'n arllwys y glaw ac mae'r gwynt yn chwipio'r coed yn ddidrugaredd. A barnu oddi wrth ei golwg ar hyn o bryd, prin bod hon o ddwyfol blaniad. Ond wedyn does dim disgwyl i ferch fod yn ddel bob dydd, rhag i'w chariad gymryd ei thlysni'n ganiataol a'i phriodi am hynny'n unig. Fe ddaw gwrid yn ôl i ruddiau'r ardd 'ma eto cyn bo hir, ac yn y cyfamser atgofiaf fy hun o rywbeth y gallwn yn hawdd ei adael dros gof, sef mai dyma'r darn tir o'r holl greadigaeth a ymddiriedwyd i mi dros dro i'w drin. Rhaid i'r hollalluog a minnau wneud y gorau ohoni. Roedd gardd rhyw ddyn yn bictiwr o drefn a harddwch pan alwodd y Ficer heibio a chanmol Duw am wneud mor dda eleni eto. 'Wnaeth e ddim llawer ohoni llynedd,' ebe'r dyn 'pan gafodd hi iddo'i hun.' Da iawn. Mater o bartneriaeth yw garddio.

Myn Bacon mai pen pleser dyn yw mynd i'r ardd, ac mai dyma'r lle gorau iddo adfywio'i ysbryd. Fyddai pawb ddim yn cytuno wrth gwrs, ond tybiaf bod cyswllt cwbwl naturiol rhwng dyn a daear, ac y gall trin tir fod yn falm i'w feddwl. Wedi'r cyfan, onid yw'n un â'r pridd yn ei ddechrau a'i ddiwedd. 'Pridd wyt ti ac i'r pridd y dychweli.' Y peth yw, rwy'n meddwl, bod rhaid arafu wrth drin tir. Cymer natur ei hamser a dysgwn ninnau amynedd. Erys yr hysbyseb am Mr. del Monte yn fy nghof. A'r gweision yn eiddgar i ddechrau cynaeafu, deil Mr. Del Monte'n nhw'n ôl nes bod y ffrwyth yn berffaith barod. Yna cwyd ei law, a bant â hi wedyn. Popeth yn ei bryd ac yn ei flas. Ni thâl y gwthio a'r gyrru a'r mynnu cyn pryd sy'n gymaint rhan o'n bywyd, a'r diflastod sy'n dilyn. Yn y tawelu mae iachâd.

Mae'n debyg mai ystyr gwreiddiol y gair 'paradwys' yw gardd. Daw'r gair Groeg 'paradeisos' o ddau hen air Persaidd sy'n golygu gardd a mur o'i hamgylch, lle tangnefeddus, ffrwythlon, a hardd. Heddiw y byddi gyda mi ym mharadwys,' ebe Iesu wrth y lleidr ar y groes. Heddiw y byddi gyda mi mewn gardd. Addewid hyfryd 'rôl pwys a gwres y dydd. Roedd gardd Eden yn baradwys o le gyda phob coeden yn ddymunol i'r golwg ac yn dda i fwyta ohoni (oddigerth un) ac afon yn ei dyfrhau'n wastad. Darlun yw o'r baradwys goll y mae'r ddynoliaeth gyfan yn dal i hiraethu amdani. Ar ddiwrnod hir o haf bydd fy ngardd innau'n ddymunol dros ben, ar yr wyneb beth bynnag. Ond dan y tegwch mae'r malwod tew a'r lindys a'r pryfetach aneirif a'r chwyn di-ildio. Mae'n hawdd i'r rhai a fyn greu paradwys ar y ddaear – yn enwedig gwleidyddion – anghofio mor gyfrwys yw'r sarff, ac mor ddwfwn yw gwreiddyn yr 'hen estron gwyllt o ddant y llew' sy wedi cartrefu mor slei yn y border bach.

Dim ond tenant yr ardd wyf fi, nid ei pherchennog. Ond mae gennyf nifer o gyd-denantiaid, yr adar yn bennaf. Maent yn fwy o landlordiaid a dweud y gwir na dim byd arall. Fi sy'n talu'r rhent bob mis a gwneud y gwaith, a hwythau'n gwylio'n y llwyni. Ond dewch ati pan fydd y mefus yn goch a'r pys yn llond eu crwyn, mae nhw yno cyn i fi godi i hawlio mwy na'r degwm. Rwy'n barod i faddau'r cwbwl iddyn nhw er hynny (ar wahân i'r piod di-gywilydd) o gofio cyfaredd eu cân rhwng pedwar a phump ar fore o wanwyn, ac o weld yr ofn bythol sy'n eu llygaid.

Dim ond un deryn sy'n ffyddlon imi rownd y flwyddyn a robin goch yw hwnnw. Cyn gynted ag yr af allan, fe ddaw o rywle'n sydyn i estyn croeso, ac os bydd hwyl go dda, i eistedd ar gangen gyfagos a thelori'n llon. Mae'n fy nilyn i bobman wedyn, a neidio o frigyn i frigyn i'm cymeradwyo'n ddi-ben-draw pan af ati i balu. Rwy'n meddwl mai annibynnwr yw o ran natur a chred, oherwydd nid yw i weld yn cymysgu â neb ond fi. Ac fel llawer o'r ffyddloniaid myn gadw'r ardd iddo'i hun heb sylwi ar y seddau gwag sydd o'i gwmpas. Ond wedi dweud hynny, oni bai amdanom ni'n dau, byddai'n reit fain yma am gynulleidfa. Dwn i ddim am ba hyd y medrwn ni gadw pethau i fynd. Does gen i ddim syniad faint yw oed robin.

Mae'n wahanol iawn i'r drudwy. Disgyn rheini'n glwstwr sydyn pan fydd rhyw fwydach ar gael, fel y disgyn Cymry undydd ar seigiau bras Gŵyl Ddewi, cyn esgyn eto'n ddiseremoni'n gwmwl troellog, a diflannu'n llwyr tan dro nesa. Ond un borê cefais gyfle i anwesu un ohonyn nhw. Roedd yn fore clir heulog ac yn sydyn clywais ergyd ar y ffenest fel ergyd o ddryll. Euthum allan i weld, a beth oedd yn gorwedd yn ddisymud ar y sment ond drudwen fach. Roedd wedi taro'r ffenest dybl-glês heb ei gweld. Gwnes innau rywbeth tebyg lawer gwaith-cerdded yn syth i mewn i ddrws gwydr heb sylwi ei fod yno. Nid yw'n brofiad dymunol. Codais y deryn yn fy llaw a'i wasgu'n dyner. Roedd yn feddal gynnes, ond roedd wedi mynd. O'i weld yn agos, mor anhygoel o brydferth oedd ei blu. Cleddais ef yn barchus yn y pridd a theimlo rhywsut bod Duw yn ei anwesu trwof. Teimlad graslon.

Sonia'r Beibl am ardd ddyfradwy, ac o gofio am sychder gwyw y wlad mae'n ddarlun hudolus. Mae'n hafau ninnau'n mynd yn sychach does dim dadl, a chaf fy hun yn dyfrhau'r ardd byth a hefyd. Wedi dechrau, rhaid cadw mlaen. Yn un o'i myfyrdodau ar ddŵr bywiol, sonia Teresa o Afila – lleian nodedig yn Sbaen yn 16eg ganrif – am ddyfrio gardd. Mae pedair ffordd i wneud hynny, medd hi. Gellir cario dŵr o ffynnon neu ei godi o bydew gyda rhaff a bwced – ymffrostia iddi hi ddefnyddio winsh. Dwy ffordd lafurus. Neu gellir troi dŵr i mewn i'r ardd o afon fach neu nant, a gadael iddo redeg drwy sianeli i fwydo'r tir i'r gwaelodion. Mae hon yn ffordd ysgafnach o lawer. Ond y gorau o bell ffordd yw'r glaw sy'n disgyn oddi fry, a Duw ei hun yn dyfrhau'n hael heb inni lafurio o gwbwl. Sylw craff. Sylwais innau hefyd ar y gwahaniaeth. Mae dŵr o'r bwced neu'r can yn cadw pethau'n fyw, ond mae rhywbeth mewn cawod o law trwm sy'n adnewyddu wyneb y ddaear a rhoi iddi ar yr un pryd orffwystra a llawenydd. Rhydd esmwythder hefyd i gorff dyn. Rhagora dŵr glaw ar ddŵr bwced fel rhagora ysbrydoliaeth ar ymdrechion di-fflach, a gras ar weithredoedd.

Dywed Francis Bacon y dylai fod llwyni a blodau yn yr ardd i'w phrydferthu bob mis o'r flwyddyn. Cymaint melysach na'r awyr yw persawr blodau, fel y dylid gofalu mai'r rhai mwyaf peraroglus yn unig a blennir. Rwy'n cydfynd yn hollol, ond o'm rhan fy hun mae gen i fwy i'w ddweud wrth datws a ffa a phys a phethau felly na blodau, er nad yw'r lle 'ma'n hollol amddifad chwaith o harddwch llwyn a blodyn. Wedi plannu'r ardd, rhaid disgwyl yn hir am yr egin. Y peth i'w wneud wedyn yw cadw llygad ddydd ar ôl dydd a pheidio ag ymyrryd, oni bydd y gath ddu a gwyn drws nesa wedi bod yn crafu neu'r wahadden yn tyrchu. O dan y pridd mae natur wrth ei gwaith, ac o'r diwedd dyma un daten yn dangos ei phig lasddu, a minnau'n gweiddi'n hapus yn iaith y Cardis bod y tatw mas, er mai dim ond un sy wedi mentro. Cyn pen fawr o dro dilyna'r lleill, a rhaid cofio am sbel eu diogelu rhag y rhew. Pan ddaw'r amser, bydd y pryd cyntaf o datws newydd ar y ford gyda sleisen o gig mochyn a menyn iawn. Dyna bryd yw hwnnw. Ac nid yw ond rhagflas. Mae addewid am lawnder y cyfan yn y blaenffrwyth. Felly y trefnodd Duw hollalluog, a oedd y cyntaf i blannu gardd.

CADWYN

Braf oedd cael bod yn gymydog i Wil
A Wil yn gymydog i fi;
Ef yn yr Hendre a minnau'n Y Coed
A'r afon yn derfyn i ni.

Ffarm gymen y Rhysiaid oedd Hendre Fawr;
Doi o dad i fab ar ei ôl;
A phan yr âi Wil i'r tŷ gyda'r nos
Roedd ŵyr bach yn dringo i'w gôl.

Pan aem tua'r mart neu'r cwrdd ar y Sul
Mor glos oedd cyfeillach y tir;
A Wil wrthi'n brolio ei filltir sgwâr
Wrth yr ifanc, a'i hanes hir.

Ddoe euthum i'w weld i Gartre Pen Rhyd
A chyrraedd dan gysgod yr hwyr:
Ni chododd ei lygaid na thorri gwên –
Roedd y fflam wedi cilio'n llwyr.

Ofer pob sôn am y dyddiau da gynt.
Ac adrodd helyntion y plwy';
Gorweddai'r hen gadwyn yn ddarnau mân
Heb obaith eu hasio byth mwy.

NEL

Mae Nel wedi mynd ers blwyddyn a mwy, ac mae'i lle'n dal yn wag.
Roedd hi yma bob amser – hynny yw ar ôl imi gau pob twll ymhob
clawdd y medrai hi ddianc drwyddo. Wn i ddim sut y gwyddai bob nos
ei bod yn hanner awr wedi naw, ond dyna'r union adeg y codai o'i
gwâl ac ymestyn yn ddioglyd a dechrau sefyll o'm blaen ac edrych i
fyw fy llygaid, ac ysgwyd ei chynffon. Os na thyciai hynny, safai ar ei
thraed ôl gan bedlo'r awyr â'i thraed blaen a gwneud sŵn tebyg i'r
ebychiad a ddôi gynt oddi wrth ambell flaenor yn y sêt fawr pan
boethai'r pregethwr – rhywbeth rhwng Amen a Haleliwia. A'r amser
penodedig wedi cyrraedd, doedd dim byw na bod nes codwn a mynd,
beth bynnag y tywydd.

Gwyddwn y dylwn ei rhoi ar dennyn, ond pe gwnawn hynny byddai
perygl iddi grogi'i hun, gan mor enbyd y tynnai. Felly câi fynd yn ddi-
reffyn. Roedd ei sgrialu gwyllt drwy'r drws yn arswydus, fel rhuthr llo
a adewir allan yn y gwanwyn am y tro cyntaf. Ond wedi'r gorffwylledd
cychwynnol tawelai toc, a dechrau codi'i choes yn hamddenol hwnt ac
yma a chwistrellu'n ddi-baid am yr hanner awr nesaf i nodi 'i
thiriogaeth yn y fro. Anaml y gwelir gast yn codi'i choes, ond felly y
gwnâi Nel. A rhaid cyfaddef imi synnu lawer gwaith mor eang oedd y
deyrnas a hawliai, ac mor ddiddarfod oedd ei chyflenwad o ddŵr. Ond
ym Mlaenau Ffestiniog y ganwyd hi, a hwyrach mai dyna'r esboniad!

Daeth atom pan oedd yn dri mis oed, ac fel mae'n digwydd hi oedd
yr ail gi inni gael o'r un lle. Corgi swnllyd oedd y cyntaf, ond roedd
hwnnw'n gymaint o dderyn gyda'r rhyw deg nes inni orfod gofyn iddo
adael y Ficerdy parchus yn Neiniolen a symud i blwyf arall. Daeth y
Nel gyntaf i gymryd ei le ac un o Ddeiniolen oedd honno. Aeth gyda
ni i Fangor Uchaf ac yno y bu farw. Ar ei hôl daeth Sian o berfeddion
Sir Fôn, a symudodd honno gyda ni i Gaernarfon. Roedd yn
gymysgedd atyniadol o gorgi a phecinîs, ac yn llawn o addewid y
dwyrain. Wedyn yn yr olyniaeth aruchel (bûm o blaid ordeinio
merched ers blynyddoedd) daeth Nel yr ail. Fel y dywedais, o Flaenau
Ffestiniog y tarddodd.

Gast fach o dras ansicr oedd hi – terier yn fwy na dim. Roedd ganddi flewyn cwta llwyd-ddu, brest wen, coesau gwynion, llygaid brown, a chynffon hir dywell yn darfod mewn smotyn gwyn. Fedra i ddim dweud ei bod yn bishyn, ond eto ar adegau roedd ganddi apêl hynod at amryfal gariadon. Ar un o'r achlysuron rhamantus hyn aeth cyfaill inni ar ei fis mêl, ac ar y cerdyn a anfonodd roedd y neges drigair, Gadewch Nel allan! Roedd ganddi glust eithriadol o fain a dechreuai gyfarth ymhell cyn i neb gyrraedd y tŷ, gan roi'r argraff bod bwystfil ffyrnig oddi mewn. Ond i blant yn enwedig dangosai wên garuaidd a chroeso diddiwedd. Gallent wneud beth a fynnent – tynnu'i chynffon, ei gwisgo fel dol, a rowlio gyda hi ar y llawr. 'Nel fach yn dawnsio?' medde nhw, a chodai hithau ar ei thraed ôl a dawnsio fel balerina.

Ond pan âi allan a digwydd bod ci arall ar ei thiriogaeth neu'n waeth byth cath, âi Nel yn lloerig. Doedd dim gwahaniaeth am faint y ci na dim arall. 'I'r gad' oedd ei chri bob tro. Fe ruthrodd unwaith am alsesian mawr a gafaelodd hwnnw ynddi fel El Bandito a'i thaflu mewn chwinciad ar ei chefn. Cafodd lond twll o ofn bryd hynny. A phan ddoi cath i'r golwg roedd Nel ar ei hôl fel mellten, ac oni bai am eu gallu i ddringo coeden i achub eu croen, neu hyd yn oed grafangu i fyny talcen tŷ i achub eu heinioes, byddai wedi difa holl gathod y fro. Ond dychmyger y tyndra pan fyddwn yn treio dal pen rheswm cyfeillgar ag un o'm cymdogion a Nel ar yr un pryd, gyda phob gewyn fel tant telyn, yn ceisio ysglyfio'i hannwyl gath. Roedd fel trin heddwch yng Ngogledd Iwerddon, a'r ddwy garfan ddi-gymod yn chwythu bygythion a chelanedd yn erbyn ei gilydd lawr y stryd.

Ond y tramgwydd mwyaf oedd y digwyddiad ar y lawnt. Dyma'r olygfa: gwraig smart, hoff o arddio, newydd ddarfod torri'i phictiwr o lawnt; minnau wrth fynd heibio'n oedi i ganmol ei gwaith; Nel yn dod o rywle a cherdded yn syth i'r canol a gwneud llwyth ar y borfa ir, ac yna'n scraffinio'r wyneb llyfn i guddio'r bai, cyn mynd ymlaen â'i chwistrellu; minnau'n ymddiheuro'n llipa, a'r wraig am fy lladd. O na lyncai'r ddaear fi! Prysurais am adre a cherydd yn fy nghalon, a chanfu Nel ar unwaith bod rhywbeth mawr o'i le. Ond roedd ganddi'r fath ddull dramatig bob amser o ddangos ei hedifeirwch nes mynd â'r gwynt o'm hwyliau. Llusgai ar ei bol tuag ataf, heb gymaint a chodi'i golygon tua'r nef; cystal â dweud, 'Pechais yn erbyn y nef ac o'th flaen dithau, ac mwyach nid ydwyf deilwng . . .' Beth fedrwn i wneud ond maddau, a thynnu fy llaw dros ei phen, a mynd ati i agor tin o Pedigree Chum?

Dechreuodd glafychu yn y flwyddyn neu ddwy olaf. Roedd yn bedair ar ddeg erbyn hyn. Aeth ei chlyw o dipyn i beth, nes mynd mor fyddar â phostyn. A gwaethygodd ei golwg ar yr un pryd. Rhedai i guddio'n awr rhag y plant, ac er mynnu mynd allan bob nos i weld y stâd, roedd ei diddordeb mewn cŵn eraill a chathod wedi darfod. Aeth pethau o ddrwg i waeth. Dechreuodd droi yn ei hunfan mewn pendro ddi-dor a griddfan mewn poen. Euthum â hi at y fet a gofyn a oedd rhywbeth a fedrai wneud. Dim byd, oedd yr ateb. Wedi oedi i feddwl, a'r creadur bach yn crynu yn fy nghôl, gofynnais iddo ei rhoi allan o'i phoen. Felly y bu ac felly y darfu. Gadewais hi yno a mynd adre i ddweud wrth Mair. Gwyddwn y byddai'n athrist, oherwydd roedd Nel yn rhan o'r teulu ac yn piau'r aelwyd fel ninnau. Ar y pryd mae galaru am anifail yn ymylu'n agos ar alar am anwylyd. Yr un math o beth, mewn cwmpas llai, yw'r distawrwydd a'r hiraeth a'r atgofio.

Pam roeddwn yn teimlo mor anesmwyth ynglŷn â gofyn i'r fet ei difodi a minnau'n gwybod mai dyna oedd orau? Buaswn wedi bod gymaint hapusach petai wedi mynd yn naturiol. Ond byddai hynny wedi golygu estyn ei phoen. Bûm yn meddwl pa faint mwy a fyddai f'euogrwydd (oherwydd dyna oedd) petai Nel wedi bod yn blentyn neu'n briod neu'n famgu oedrannus, a minnau wedi gofyn i'r meddyg i'w gollwng o'i phoen. Dyna'r dewis sy'n mynd i ddod i bobl fwy a mwy wrth i'r syniad afael mai poen yw'r peth gwaetha'n y byd. Bydd yn faich trwm i'w ddwyn. Pryderaf am y dewis. Ofnaf am agor y drws. Mae dirgelwch rhyfedd yn perthyn i fywyd, o'r anadliad cyntaf hyd yr olaf. Mae'r ddeupen yn dir sanctaidd a'r dod a'r mynd y tu hwnt i'n gafael rywsut. Gall rheswm ddweud bod gennym hawl a dyletswydd yn wir, i ladd baban yn y groth a rhoi terfyn ar fywyd rhywun sy mewn dirboen. Ond mae rhywbeth dyfnach na rheswm yn ein cyfansoddiad – rhyw reddf ddofn a'n ceidw rhag mynnu'n haerllug mai ni piau'r dechrau a'r diwedd.

Mae Nel wedi marw ers blwyddyn a mwy. Roedd yn dipyn o gymeriad. Nid oes eisiau codi allan mwyach am hanner awr wedi naw bob nos ar bob tywydd. Ond rwy'n colli mynd.

GAIR

Mae'n rhyfedd meddwl na fedraf gofio dim o ddwy flynedd a hanner cyntaf fy mywyd. Yn ofer y ceisiaf ddwyn i gof y pethau mawr a berthyn i fyd babanod – y sugno mynych a'r cysgu hir, gwên yr adnabod a'r gyrglio diddan, y strancio a'r mwytho a'r sgrech adeg bedydd. Cefais gyfle i sylwi ar y pethau hyn yn fy mhlant a phlant pobl eraill, heb byth fedru tynnu ar fy mhrofiad fy hun o beth yw bod yn fabi. Yr un yw'r stori gyda dechrau cropian, dysgu agor cypyrddau a thynnu pethau i lawr yn garlibwns. Wedyn menter y cam cyntaf a'r stagro dros bob man, a gwefr y gair cyntaf un, yn garbwl i ddechrau ac yna'n glir. Campau gorchestol y blynyddoedd cudd, a'r cwbl wedi digwydd heb yn wybod imi. Onid yw'n syn o beth?

Mae plentyn yn dysgu siarad wrth efelychu sŵn pobl eraill. Petawn wedi bod yn fyddar buaswn yn fud hefyd, yr un fath a Hugh Pugh yn ein pentre ni, na fedrai dorri gair â neb am iddo gael ei eni'n fyddar. Awn heibio'i ffatri wlân bob dydd ar fy ffordd i'r ysgol, a gwnâi arwyddion cynhyrfus, a gwên yn llond ei wyneb, fy mod ar ei hôl hi unwaith eto – bod y gloch wedi canu neu'r bws wedi mynd. Ond er inni fod gymaint o ffrindiau, ni chefais sgwrs ag ef erioed, ac ni chlywodd yntau air o'm genau. Yng nghanol y peiriannau i gyd, roedd ei fyd cyn ddistawed â'r bedd. Ond roedd mor hapus â'r gog.

Sŵn gair a glyw plentyn yn gyntaf, a'i dasg am yn hir yw bod yn garreg ateb i air unsill fel bab a mam a dad. Efallai mai abba oedd y gair cyntaf a glywodd Iesu Grist – abba, dad. Ond yn ddiweddar clywais HAIA fawr yn dod o enau plant bychain, a rhai geiriau eraill ddim mor neis. Ni ddysgir y sŵn ar unwaith. Mae gen i ŵyr bach a arferai weiddi Cobl y Bwm nerth ei ben, pan glywair 'r miwsig ar ddechrau'r rhaglen. Buan iawn yr ymetyb plant i sŵn cân. Mae gymaint haws nag iaith. Ond ni bu Alun yn hir cyn medru dweud Pobl y Cwm, er nad yw'r rheini agos mor ddiddorol â Chobl y Bwm.

Wedi rhoi gair wrth air a dysgu darllen ac ysgrifennu, bydd y plentyn yn cychwyn ar drywydd rhamantus geiriau. 'The Romance of Words' oedd un o'r llyfrau a astudiwn yn yr ysgol yn Aberaeron. Ac o ystyried tarddiad geiriau a'u datblygiad ar lafar ac mewn llên, rhamant yw'r gair priodol rwy'n siŵr. Rhamant yn arwain at garwriaeth a phriodas os ceir dysgu da. Pwrpas gair yw dweud rhywbeth, cyfleu ystyr, a chario neges. O'i ddewis yn ofalus mae'n magu grym. Dyna pam yr ymdry bardd neu lenor yn hir cyn dod o hyd i'r union air sy'n cyfleu beth sydd ganddo dan sylw. Ni fodlonir na'i grefft na'i gydwybod nes taro ar y gair y medr roi'i hun yn llwyr ynddo. Go brin bod 'untroed oediog' wedi dod i'r bardd ar y cynnig cyntaf wrth iddo ddisgrifio'r llwynog, nac 'anfachludol' wedi dod i'r emynydd wrth ddisgrifio'r hirddydd tu draw i'r llen. Ond unwaith y daw'r gair dewisol i'r fei a gwneud ei nyth, mae yno i aros.

Bûm yn meddwl am y gair unsill a lefarais ar goedd pan briodwyd Mair a minnau. Nid oedd raid imi gael hyd iddo mae'n wir. oherwydd bu'n yr hen Lyfr Gweddi ers oesoedd, a bûm yn dychmygu lawer gwaith sut brofiad fyddai ei ddefnyddio. Dydd hira'r flwyddyn oedd hi, a chofiwn am y gwas ffarm yn ardal Llanddewi a briododd ar fore'r dydd hiraf, a threulio gweddill y diwrnod yn holi pryd âi hi'n nos. Y cwestiwn i mi'r bore hwnnw oedd, A gymeri di'r ferch hon yn wraig briod i ti? Ychwanegwyd hefyd wrth gwrs y gofynion dwys eraill am ei charu a'i pharchu a'i chadw yn glaf ac yn iach, gan wrthod pawb arall. Roedd yn ymrwymiad difrifol ond atebais yn ddibetrus, Gwnaf. Beth oedd pwynt y fath gwestiwn a minnau yno i briodi? I wneud yn siŵr fy mod o ddifri. Rhag bod unrhyw amheuaeth dywedais Gwnaf mor hyglyw ag oedd bosibl o dan y fath amgylchiadau cynhyrfus. Trwof cymerodd y gair gig a gwaed yn y fan a'r lle. Rhois fy ngair i'r ferch a safai wrth fy ochr, ac roedd hynny'n gyfystyr â rhoi fy hun iddi. Roeddwn yn fy ngair. Rhoes hithau ei gair i minnau gan ychwanegu yn y dyddiau cyntefig hynny y byddai'n ufuddhau imi yn y fargen. Roedd hithau yn ei gair. Doedd dim dichon inni wybod y funud honno beth allsai dweud Gwnaf ei olygu, a byth oddi ar hynny buom yn darganfod oblygiadau rhyfeddol y peth. Roedd antur bywyd mewn un gair.

Yn y Beibl ceir sôn mynych am air Duw yn dod mewn grym at ei broffwydi. Nid cynnig ei farn ddoeth ar y peth hyn a'r peth arall a wnâi proffwyd na dweud iddo gael syniad newydd diddorol i'w ben, ond haeru iddo dderbyn gair oddi wrth Dduw a bod rhaid iddo gyhoeddi'r gwir yn erbyn y byd. Nid yw hynny'n golygu i'r gair ddod iddo'n hawdd fel dŵr i bistyll ar dywydd gwlyb. Roedd yn debycach i darddiant yn nyfnder craig yn ymwthio i'r wyneb drwy haen ar ôl haen o wenithfaen, a chael ei grisialu 'run pryd. Nid ar chwarae bach y mae ennill argyhoeddiad. Hwyrach y byddwn yn nes ati pe dywedwn mai trwy broffwyd y daw'r gair yn hytrach nag ato, ac mai ef neu hi sy'n ei hogi megis, nes ei fod yn llymach na chleddyf daufiniog. A chan fod hanfod gwirionedd yn ddigyfnewid, a natur dyn yn dal i droi ar yr un echel o oes i oes, gall gair a drywanodd gynt at y mêr ddal i drywanu eto.

Sonia'r Beibl nid yn unig am air Duw ond am Y Gair. Yn y dechreuad yr oedd y Gair. Byddai'n gliriach pe dywedwn, Yn y dechreuad yr oedd yr Ystyr. Myn rhai mai ofer yw chwilio am ystyr mewn dim byd ac mai tryblith afluniaidd a gwag yw'r cyfan. Os felly, mae'n rhyfedd bod creadigaeth gwbwl ddiystyr wedi cynhyrchu bodau dynol sy byth a hefyd yn ceisio gwneud synnwyr o'u byd a'u bywyd.

Credai'r Groegiaid, pencampwyr y rhesymwyr, mai yn y Logos, y Gair, yr oedd cael hyd i'r egwyddor a'r ystyr sydd wrth fôn y greadigaeth. I'r Iddewon ar y llaw arall mynegiant oedd gair Duw o'i ewyllys a'i rym ar waith. Trwy ei air y gosodwyd sylfeini'r ddaear ac y gwnaed y nefoedd. Trwy ei air nerthol y mae'n cynnal pob peth. Trwy ei air y dengys i ddyn beth sydd dda. Ond ni allai'r Iddewon mwy na neb arall osgoi dod o dan ddylanwad bwerus diwylliant y Groegiaid. Roedd hyn yn arbennig o wir am yr Iddewon a wasgarwyd o'u gwlad ar hyd tiroedd y Môr Mawr. Ymhen hir a hwyr daeth y rheini i gyfuno'u cred yng ngair personol Duw fel amlygiad o'i ewyllys a'i weithred â chred amhersonol y Groegiaid am y Logos, yr ystyr sydd wrth wraidd y cyfanfyd. Roedd yr asiad wedi ei wneud cyn geni Crist, a daethai'r Gair yn gwlwm i'r ddeubeth.

Ni fentrodd neb fodd bynnag o flaen Ioan yr Efengylwr wneud y datganiad syfrdanol bod y Logos deublyg – y Duw byw ar waith a'r egwyddor gudd y gall rheswm ei chanfod – wedi ei wneud yn gnawd, ac wedi trigo yn ein plith. Golygai hynny bod ynni Duw ac ystyr bod i'w canfod yn awr ar y cyd, nid mewn rhyw ddamcaniaeth astrus na fedr ond pobol glyfar ei hamgyffred, ond mewn person a ddaeth mor agos atom â baban a anwyd mewn tlodi ac a ddodwyd mewn preseb. Nid mater o ddirnad a moesoli diddiwedd yn unig yw crefydd bellach ond mater o ddod i adnabod person a rhodio gydag ef. Adnabod y Gair yw dod i hyd i San Greal holl drywydd rhamantus geiriau. Oherwydd yr Ystyr a wnaethpwyd yn gnawd mewn lle ac amser. Trigodd yn ein plith, a gwelsom ei ogoniant.

TRADDODIAD

Rwy'n hoff anghyffredin o'r ddrama-gerdd 'Fiddler On The Roof' gyda'r digymar Topol yn y brif ran. Ar ddechrau'r ddrama, a'r wawr yn torri, gwelir dyn yn eistedd fel teiliwr ar frig to ac yn canu alaw hudolus o drist ar y ffidil. Yna tyr Tevye y prif gymeriad i mewn a dweud bod pobl y pentre yn crafu byw fel mae'r ffidler yn crafu cân ar ben y to a theimlo'r un mor simsan. Sut maent wedi cadw'u pennau mewn byd mor fygythiol? Etyb mewn un gair – Traddodiad. Oherwydd eu traddodiad, sy'n cyffwrdd â phob rhan o'u bywyd, gŵyr Iddewon y gymuned fach canol gwlad yn Rwsia pwy ydynt a beth mae Duw yn ei ddisgwyl ganddynt. Yna daw molawd afieithus i Draddodiad a phawb yn uno'n frwd yn y gytgan. Ymddengys yr hen drefn yn gwbwl ddisyfl. Ond cyn bo hir daw newid anorfod i ysgwyd sylfeini'r traddodiad, gan achosi llawer o benbleth a loes.

Y tyndra rhwng traddodiad a newid yw teithi'r ddrama. Mae'n thema gref ac ar bob adeg yn amserol, oherwydd prin bod unrhyw gyfnod yn rhydd o'r gwrthdaro rhwng yr hen a'r newydd. Mewn cyfnod o newid diddiwedd fel ein cyfnod ni mae'n arbennig o berthnasol. Rhaid bod yn groendew eithriadol i beidio ag ymdeimlo â'r tensiwn y dyddiau hyn o fewn priodas a theulu, o fewn bro a chymuned, o fewn gwlad ac eglwys. Ansicrwydd yw un o nodweddion amlycaf yr oes – ynglŷn ag addysg a gwaith, ynglŷn â chred a safonau moesol, ynglŷn a'r blaned ei hun a bywyd popeth sydd arni. A'r sylfeini'n cael eu siglo ac amheuaeth ar gefn ei cheffyl, does dim rhyfedd bod traddodiad yn gwisgo'n denau, a'n bod ninnau mor ansad ein gafael â'r ffidler ar y to.

Fel y gair Saesneg *tradition*, daw'r gair traddodiad o'r Lladin *tradere*, sy'n golygu trosglwyddo. Traddodiad yw'r hyn sy'n cael ei drosglwyddo o genhedlaeth i genhedlaeth. Mae fel petaem yn cymryd rhan mewn ras gyfnewid. Hanfod honno yw cywasgu'r corff ar hanner tro fel spring, ac estyn braich i'w llawn hyd i dderbyn y baton o law rhywun arall. Yna gafael ynddo'n dynn rhag ei ollwng a rhedeg ag ef fel milgi i'w drosglwyddo 'mlaen. O law i law y trosglwyddir traddodiad, oni chollir y baton. Yn ddiarwybod i ni, rydym ninnau yn y broses o'i dderbyn, a'i drosglwyddo (neu beidio) i'r rhai sy'n ein dilyn. Os ydym yn gweithio arno'n greadigol, bydd ein rhodd i'r dyfodol yn gyfoethocach. Os dibris ydym ohono, treftadaeth dlotach a adawn. Mae fel tir sy'n gwella wrth ei drin, ond o'i adael yn mynd yn salach hyd at ddiffrwythdra. Nid cyfalaf dihysbydd yw traddodiad y gallwn dynnu arno fel y mynnom heb dalu dim yn ôl. Nid talent mohono y gellir ei chuddio yn y ddaear, na rhodd farw y gellir ei chloi mewn drôr. Nid pwll llonydd yw chwaith yn magu merddwr chwerw, ond afon yn llifo ac yn gloywi wrth redeg. Nid blodau a dorrwyd o'r ardd a'u gosod yn gelfydd mewn fâs ddel yw. Pery'r rheini'n hardd dros dro, ond er newid y dŵr yn aml, melynu a darfod a wnânt. Am nad oes iddynt wreiddyn. Mae'n rhaid i draddodiad gael gwraidd, ac fel y dywedodd Tevye, y peth mae pobol yn ei gredu yn y bôn yw y rheini.

Ond nid yw un o'r delweddau hyn yn cyfleu'n union yr amryfal batrymau sydd i draddodiad. Gwelais ferched o bryd i'w gilydd ac ambell ddyn yn gwau edafedd yn ddarnau sgwâr amryliw, ac yna'n gwnïo'r rheini wrth ei gilydd i wneud un clytwaith o gwilt mawr lliwgar. Amrywiaeth felly sydd mewn traddodiad, oherwydd perthyn nid yn unig yn gyffredinol i uned fawr fel cenedl ac Eglwys ond yn unigryw i gant a mil o gymunedau bach lle mae pobl wedi byw a bod ers cyn cof. Yn yr amrywiaeth y mae'r cyfoeth. Wrth i bobl ymwneud â'i gilydd mewn hawddfyd ac adfyd a dod i delerau â byw mewn bro, y megir traddodiad. Caiff hwnnw ei gnawdoli ganddynt mewn sefydliadau ac arferion sy'n gymwys i natur eu hardal. Yn ei harferion y ceir blas bro. Ond pan fo natur cymdogaeth yn newid, newidia'i naws hefyd.

Ar Fanc Llanddewi slawer dydd fel ar bob banc arall, arferai ffermwyr a phobol y pentre ddod at ei gilydd yn gwmni mawr i gael y gwair i mewn. Roedd y gymdogaeth ar flaenau'i thraed am fis cyfan ac nid oedd eisiau ond taenu lliain gwyn ar lwyn i'w gwysio i'r gad. Pump ar hugain yn mynd o ffarm i ffarm am fis nes cwblhau'r cylch. Mae'n anodd credu'r peth erbyn hyn. Yr un oedd y patrwm adeg medi a dyrnu. Oriau hir a gwaith caled, digon o fwyd a digon o sbort. Roedd calon y gymdogaeth yn curo'n gryf adeg y cynhaeaf. Wedyn daeth y peiriannau a daeth y rhyfel. Does dim fel peiriant i ynysu pobl. Edwinodd yr hen arfer gymdogol, a darfu'r traddodiad. Petai rhywun yn rhoi lliain ar lwyn yn awr, ni fyddai neb yn deall.

Mae traddodiad ardal i fesur helaeth ynghlwm wrth ei gwaith. Ffyniant hwnnw sy'n rhoi sicrwydd iddi. Bûm yn byw mewn ardal arall rwy'n meddwl y byd ohoni. Ardal y chwareli yn Eryri oedd honno. Roedd yno gymuned nodedig, trwyadl Gymreig, a honno'n dibynnu bron yn llwyr ar dynnu maeth o foelni'r graig. Roedd y gaeaf yn hir a'r gwaith yn drwm a bywyd yn galed. Ond roedd y chwarel yno i'w hollti o ddydd i dydd, a gwaith i gynnal y gymdeithas. Tra parhaodd hwnnw roedd bwrlwm a hwyl yn y fro a graen ar ei bywyd ysbrydol a diwylliannol. Dysgasai'r bobol, o fyw mor agos at fygythion marwol y graig, sut i ddwyn beichiau'i gilydd. Pan ddoi adfyd, cymdeithas gyfan wedi'i chlymu'n un oedd hi, ac yn yr 'hebrwng' a'r 'offrwm' roedd wedi datblygu dull personol ond urddasol i fynegi'i thristwch ac i estyn help llaw. Yn ddisymwth daeth yr ergyd. Cauwyd chwarel fawr Dinorwig. Taflwyd y gweithwyr ar y clwt. Dechreuodd y gymdeithas fynd ar chwâl ac edwinodd ei thraddodiad. Mor aml y gorfodir newid ar gymuned gan rymoedd sy'n gryfach na hi, yn enwedig grymoedd economaidd. Newid gorfodol yw, newid dinistriol, newid dideimlad.

Ond mae newid o fath arall hefyd, un sy'n gydnaws â'r traddodiad ac yn codi'n naturiol ohono fel brigyn ar gangen. Nid traddodiad byw ac iach yw'r un sy'n mygu pob newid a rhwystro pob datblygiad. Y rhan amlaf, golyga sefyll yn yr unfan golli tir. Dywedodd Iesu bod rhaid rhoi gwin newydd mewn crwyn newydd. Nid oedd modd cau eples a bwrlwm ei ddysgeidiaeth o fewn yr hen ffiniau. Ond mynnai ar yr un pryd nad dinistrio'r hen oedd ei bwrpas ond ei ddwyn i'w lawn ystyr. O groth yr hen y daethai'r newydd, ond er mor agos y cyswllt nid yr un yw'r fam â'r plentyn. Mae angen gwarchod traddodiad felly i ddiogelu parhad, ac angen newid ar gyfer cyfaddasu a chyfoethogi'r hen ar gyfer sefyllfaoedd newydd. Cadw cydbwysedd rhyngddynt yw'r gamp. Yn ei lyfr *The Rock And The River* gan Martin Thornton saif y graig am y gwirioneddau digyfnewid, a'r afon sy'n troelli o gylch y graig am y pethau y gellir ac y dylid eu newid. Mae'n bwysig adnabod y gwahaniaeth.

Cyn diwedd 'Fiddler On The Roof' mae newidiadau lawer wedi digwydd, rhai dan orfod a rhai'n fwy naturiol. Yn wyneb yr elyniaeth y mae'r Iddewon mor gybyddus â hi, does dim dichon i'r gymuned fechan aros yn ei bro mwy. Ond wrth iddi chwalu, wrth i Tevye fynd dros y gorwel yn sŵn y ffidil hudolus a ganodd ar y dechrau, mae gennym hyder na ddarfu'r traddodiad. Ysgythrwyd y rhisgl ond erys y rhuddin. Er holl ferw'r lli, disyfl y graig.

CALAN AWST

Ymhell cyn bod sôn am wasanaethau Diochgarwch am y cynhaeaf, arferai'n cyndeidiau roi blaenffrwyth y tir mewn basged a mynd ag ef yn llawen i'r llan, i'w gyflwyno i Dduw. Dyna'i ffordd nhw o ddiolch, ac ar Awst 1af y cymerai hyn le. Lle roedd modd tyfu gwenith, torth ffres o'r ŷd newydd oedd y blaenffrwyth. Hon oedd y 'Loaf Mass' neu'n fyr 'Lammas' a ddefnyddid yn yr offeren ddiolch. Syniad da. Fy nheimlad i bob amser yw bod afrlladen denau'n gwneud y tro. Mae'n bur a glân a di-friwsion. Ond nid oes blas y pridd arni rywfodd fel torth. Cymaint mwy ystyrlon a fyddai'r Cymun, petai'r bobl eu hun yn gyfrifol am bobi'r bara a gwneud y gwin.

Byddai'r olygfa yn y llan ar Galan Awst rywbeth yn debyg i'r hyn yw heddiw pan ddaw'r plant â'u rhoddion i'r cysegr – cymysgedd byrlymus o offrymwyr bach a mawr, hyderus a swil. Byddai arogl y bara ffres a'r blodau. a chynnyrch cae a gardd a border bach, yn llenwi'r lle. Rwy'n hoff iawn o ryw arfer gartrefol o'r fath, ac o hen arferion gwledig eraill megis bendithio'r arad ar y Sul cyntaf yn Ionawr, a cherdded ffiniau'r plwy ar Sul y Gweddïau ym Mai gan ofyn bendith ar gnydau'r maes a chynhaeaf y môr ac ar waith pawb. Arferion syml o'r fath sy'n gwreiddio ffydd mewn man a lle a dod â hi o fewn cylch profiad pobol. Heb hynny, diflannu a wna fel niwlen ar godiad haul.

Augustus Cesar a roes ei enw i'r chweched mis yng nghalendr y Rhufeiniaid, a hynny am mai yn y mis hwnnw ar draws y blynyddoedd y cafodd y gorau ar ei elynion. Cadwai'r Rhufeiniaid Galan Awst i anrhydeddu'r ymerawdwr ac yn wir i'w addoli. oherwydd Divus Augustus yr ystyriai ei hun – y Dwyfol Augustus. Er mwyn cristioneiddio'r dydd penderfynodd y Cristnogion anrhydeddu Pedr ar Galan Awst a chofio'n arbennig am yr adeg y bwriwyd ef i garchar. Pedr Mewn Cadwyni oedd y dydd iddyn nhw. Hwyrach bod hen arfer baganaidd tu cefn i offrymu'r blaenffrwyth, a bod y Cristnogion wedi dal arni a'i thrawsnewid. Dydd Degymmu'r Ŵyn y gelwid y 1af o Awst yng Nghymru, oherwydd y cysylltiad â Phedr efallai, a gorchymyn Iesu iddo, Portha fy ŵyn. Yng Ngheredigion roedd sôn am gawl Awst, sef gwledd a miri pobl y bryniau a'r bugeiliaid ar ddechrau'r mis. Mae 'na rhyw deimlad o asbri o hyd dechrau Awst. Mae'r Steddfod ymlaen a'r plant ar eu gwyliau. Distawodd y gwleidyddion a diflannodd yr arbenigwyr, er gollyngdod i bawb. Dyma'r amser i bobl fwrw bant a thaflu'r baich oddi ar eu gwar a mynnu lliw haul ar eu crwyn gwyn. Pan oeddwn i'n grwt, roedd Dydd Mercher Mawr yn Aberaeron dechrau Awst yn ddiwrnod o hwyl a sbri. Rhyw fis felly yw.

Tybed a fyddai'r offeiriad yn y llan yn y dyddiau gynt yn sôn wrth y gynulleidfa ar Galan Awst am yr hyn a wnâi'r Iddew ar ei Ŵyl Ddiolchgarwch? Gobeithio wir. Byddai'n biti iddo golli'r cyfle i agor y Beibl mawr yn Llyfr Deuteronomium a chreu darlun o'r hyn a ddigwyddai. Wedi iddo gymryd blaenffrwyth holl gnydau'r tir a'i roi mewn cawell, roedd yr Iddew i fynd â'r cyfan i'r lle a ddewisodd yr Arglwydd yn drigfan i'w enw, i'r cysegr agosaf ato hynny yw. Yno gerbron yr offeiriad, roedd i wneud dau ddatganiad pwysig dros ben, y naill cyn cyflwyno'r fasged a'r llall wedyn.

Roedd i addef yn gyntaf bod ganddo wlad i berthyn iddi, daear i'w thrin a chynhaeaf i'w gasglu. Bywyd crwydrol di-wreiddiau a fu ganddo yn yr anialwch 'mawr ac ofnadwy', a ledai'i safn anniwall yn dragwyddol i lyncu mwy a mwy o wyneb daear, a lle trigai seirff a sgorpionau ac ellyllon di-rif. Grwgnach am galedi ei fyd oedd ei ran bryd hynny a chwyno am brinder bara a dŵr. Yn lle llafurio i ennill ei damaid, cardod gwyrth a ddoi i'w achub. Ond ni wnâi arlwy o fanna yn y bore a soflieir yn yr hwyr ei ddigoni'n hir, na dŵr o'r graig ei ddisychedu ond dros dro. Mewn awr wan tybiai fod bywyd dan sawdl Pharo'n frenin o'i gymharu ag uffern y diffeithwch, a dyheai am fynd yn ôl. Safai beunydd y tu allan i drefn gyfrin natur. Ni olygai pryd hau a medi, gwyrddni egin ac irder blagur fawr iddo, ac ni châi fedi mewn gorfoledd.

Ond yn awr, ac yntau wedi meddiannu mewn cymhariaeth wlad o laeth a mêl, roedd ar ben ei ddigon. Dysgwyd ef i gredu mai pobl ddewisol Duw ei hun oedd ei genedl (athrawiaeth dra pheryglus o'i chamddeall) a bod y wlad dda'n eiddo iddo drwy ddwyfol ordinhad. Gallai'n awr arddu maes a hau had, dysgu disgwyl y glaw cynnar a'r diweddar, rhyfeddu at dyfiant a synnu at aeddfedrwydd. Bellach gallai'n fyw'n wâr mewn cytgord â natur gan ddal sylw ar y gwynt a darllen y cymylau. Ac yntau'n rhan o gymdeithas gymdogol y pridd, roedd ganddo symbyliad i weithio dros ddyfodol ei blant a phlant ei

41

blant dros byth. Cyflwyno cawell y blaenffrwyth oedd yr arwydd gweledig o'i ddiolch am y fath fendithion hael.

Wedi gwneud y cyfaddefiad cyntaf ac i'r offeiriad gymryd y cawell o'i law a'i osod wrth droed yr allor, roedd yr Iddew i fynd ymlaen at yr ail ddatganiad. Roedd i dystio'n awr fod ganddo hanes i'w adrodd a'i ailadrodd, a bod Duw yn hwnnw hefyd. Hynt a helynt llond dwrn o'i bobl yn mynd lawr i'r Aifft amser maith yn ôl oedd y testun, sut y bu iddynt dyfu yno'n genedl gref a grymus, a sut bu i'r Eifftiaid ei cham-drin a'i chystuddio. Ond gwelodd Duw ei hadfyd a chlywed ei gwaedd. Ymdeimlodd â'i dolur a chododd arweinydd i'w gwaredu. Daeth dydd gollwng ac awr dianc. Parthwyd y môr, ac aeth y caeth yn rhydd. Gydag arwyddion a rhyfeddodau a dychryn mawr arweiniodd Duw ei bobl i'r wlad a addawsai iddynt. Dyna'r stori. Nid gwiw ei hadrodd a gadael Duw allan. Oni bai amdano ef, ni fyddai stori o gwbwl. Felly ar yr un pryd ag yr ymhyfrydai yn ffrwythlondeb ei dir, roedd yr Iddew i orfoleddu yng ngwyrth ei hanes, a gweld Duw yn y naill a'r llall. Roedd llawenydd dwbwl yn y cawell.

Hawdd iawn, pe mynnai, a fyddai i'r offeiriad yn y llan gymhwyso profiad yr Iddew at ei bobl ei hun, a'i fraint yw gwneud hynny o hyd. Ymddiriedwyd i ninnau hefyd wlad a thir ac mae gennym iaith ac etifeddiaeth i'w trysori. Mae gennym hanes cyffrous i'w adrodd a'i ailadrodd o genhedlaeth i genhedlaeth, rhag iddo fynd dros gof. Mae Duw yn ei ganol a dyma sut y bu.

Ganrifoedd lawer yn ôl, yn oes y saint, daeth llu o fyneich llwm i rannu tlodi'n hynafiaid, a rhannu'r neges lon mai eiddo'r tlodion yw teyrnas Dduw. Plannwyd y Groes yn ein tir a chodwyd llan ar ôl llan, ger hen ffynnon yn amlach na heb, lle câi'r bobl brofi o'r byd newydd a blasu'r bywyd diddarfod. Mae dŵr glân yn y ffynhonnau o hyd petaem ond mynd ati i'w glanhau. A saif y llannau o hyd yn eu symledd tawel, mewn lleoedd diarffordd iawn weithiau, i dystio i ryfeddod y wawr a dorrodd dros ein gwlad. Pa ffolineb sy'n ein gyrru'n awr i'w cau a'u gadael ar drugaredd y gwynt a'r glaw? Efallai rhyw ddydd y byddwn yn falch o ddychwelyd i'w hedd, i adennill ein ffydd.

Da a fyddai adfer mynd i'r llan ar Galan Awst gyda thorth ffres a photel o win cartre i'r Cymun, a basged y blaenffrwyth i'w chyflwyno. Mynd ymlaen wedyn i sôn am ein daear a'n hanes, a dathlu Duw yn y ddeubeth.

EGWYL

Bûm yn Llanbadarn Fawr lawer gwaith o'r blaen, ond ddoe y gafaelodd ynof. Anaml y try'r cynefin yn rhyfeddod, ond pan ddigwydd mae'n brofiad sy'n aros yn y cof. Rhaid bod Moses wedi mynd heibio ganwaith i'r perthi cyfarwydd heb feddwl dim, wrth arwain y praidd ar hyd cyrion yr anialwch. Ond daeth y diwrnod tyngedfennol pan ganfu un o'r perthi cyffredin ar dân heb ei difa. Troes i edrych ar yr olygfa ryfedd hon a thynnu ei esgidiau oddi am ei draed. Felly gyda Llanbadarn Fawr a minnau, ond nid gyda'r fath wres wrth gwrs. Y troeon cynt rhyw gerdded o gwmpas y bûm, a blewyna'n frysiog yma a thraw. Ddoe teimlais bod y lle'n fy nhynnu, a bod y meini am siarad â mi.

Ond pam ddoe? Roedd llawer o blaid y dydd. Yn un peth roeddwn yn yr hwyl iawn a minnau'n un o gwmni difyr ar bererindod lenyddol-ysbrydol i Dŷ Ddewi. Wedyn daethem o Fangor Fawr yn Arfon drwy gadernid Gwynedd a mwynder Maldwyn ar fore godidog o hydref, a chyrraedd irder cyfeillgar bryniau Ceredigion a llyfnder llydan ei bae. Gan gymaint fy afiaith wrth dynnu unwaith eto at fy henfro, prin y medrwn ddal heb floeddio, 'Mae'r wlad hon yn eiddo i ti a mi.' Beth yw pwynt perthyn heb lawenydd?

Roeddem hefyd ym mro rhamantus Dafydd ap Gwilym, a dychmygwn ei weld yn dod lawr y llechwedd o Frogynin a charlamu hyd y gwastad i'r offeren yn Llanbadarn, lle disgwyliai rhyw Forfudd neu Ddyddgu'n daer amdano. Neu felly y tybiai ef beth bynnag. Cymhellion cymysg a'i denai i'r oedfa.

> 'Ni bu Sul yn Llanbadarn
> Na bewn, ac eraill a'i barn,
> A'm wyneb at y ferch wiwgoeth
> A'm gwegil at Dduw gwiwgoeth.'

Ie, ei wyneb at y ferch a'i wegil at Dduw. Ond cysurai'i hun y byddai Duw'n deall o'r gorau,

'Nid ydyw Duw mor greulon
Ag y dywed hen ddynion;
Ni chyll Duw enaid gŵr mwyn
Er caru gwraig neu forwyn.'

Roedd yn llygad ei le rwy'n siŵr, I mewn a minnau o ysblander y wlad
a thanbeidrwydd haul hydref, i glaeredd llonydd y llan. Aros munud
neu ddwy i gyfarwyddo â dieithrwch ei golau. Eistedd wedyn a
rhyfeddu at ehangder a harddwch y lle. Trefn a glendid sy'n
nodweddu'r fan, a chrefftwaith gywrain mewn coed a maen. Mae'r
cyfan mewn cytgord diymffrost, a lliw a llun yn wledd i'r llygad.

Bu Gwenallt yn addolwr cyson yma ar un adeg, ac yn ei gân nodedig
'Swper Yr Arglwydd' disgrifia sut y daeth ofn arno un Sul yn y Cymun
wrth iddo ymdeimlo â thawelwch a mawredd yr eglwys. Teimlai
ddychryn rhag yr allor a'r Groes 'a'r dwyrain yn y gwydr.' Roedd y
gangell 'mor ddieithr o bell' a'r to wrth ei phen mor uchel, nes gwneud
i'r addolwyr ar ei gliniau yn y pant deimlo fel tyweirch tywyll a budr.
Ond yn y Cymun disgynnodd Bethlem i'n byd gan uniaethu'n raslon â
ni yn ein tlodi, a daeth pelydryn o goelcerth dynoliaeth ddwyfol y Crist
i chwarae o amgylch y groes, a phylu'r ddwy gannwyll. Daeth gwefr y
gân yn ôl imi'n awr, a theimlais innau nid dychryn fel y cyfryw ond
parchedig ofn yn siŵr. Parchedig ofn mewn prydferthwch
sancteiddrwydd. Teimlo'n fach a mawr yr un pryd.

Mae hanes yn Llanbadarn a thraddodiad hir, ond ni theimlais bod y
gorffennol yn orthrymus yno chwaith. Mewn ystyr mae pob hen
eglwys yn amgueddfa sy'n dal y dyddiau gynt yn nhor ei llaw. Ond
lle'r offrymir addoliad yn gyson ddydd gŵyl a gwaith, nid crair
mohoni ond teml. Lle dysgir y Ffydd a'i byw, cyfyd y newydd o'r hen
fel blaguryn o hen foncyff, a chlymir y gorffennol a'r presennol a'r
dyfodol yn un. Tragwyddoldeb mewn amser sy'n deillio o'r cwlwm.
Cafwyd y syniad yn Llanbadarn o greu amgueddfa yn un gongl o'r
eglwys, ac mae ceinder ysgafn honno yn gweddu'n hyfryd i urddas yr
holl adeilad. Ond o edrych o'i chwr tua'r dwyrain, gwelais bod lliain
gwyn teg ar y ford yn barod at y Cymun nesa bore fory. Iesu Grist, yr
un ddoe, heddiw, ac yn dragywydd – ei eglwys ef yw hon.

Taflaf gip yn ôl eto. Bu hon yn eglwys gadeiriol ar un adeg, a
byddai'n dda eto ei gweld yn gadeirlan i'r canolbarth, hanner ffordd
rhwng Bangor a Thyddewi. Byddai'n dda cael esgob yn Llanbadarn i
fod yn agos at bobl y broydd hyn, un a'i draed yn rhydd o faich
gweinyddu er mwyn cenhadu'n frwd mewn gwlad a thre. Ond ofnaf

nad oes gennym na'r dychymyg na'r ewyllys i symud ymlaen. Bu yma fynachlog bwysig iawn am bron fil o flynyddoedd a chanolfan dysg nodedig, yn enwedig yn amser Sulien Ddoeth, brodor o Lanbadarn, a fu am ddau gyfnod byr yn esgob Tyddewi. Yma y trysorwyd y cof am Ddewi Sant ac yr ysgrifennwyd ei Fuchedd gan Rigyfarch fab Sulien. Y nod oedd nid yn unig dyrchafu'r sant, ond amddiffyn yn ogystal annibyniaeth esgobaeth Tyddewi a'r hyn oedd weddill o draddodiad yr hen eglwys Geltaidd, rhag grym a rhaib Caergaint. Deil y frwydr honno i daro tant yn fy nghalon. Diogelu'r un annibyniaeth oedd ym mryd Gerallt Gymro. Roedd bron a thorri'i wynt i fod yn esgob Tyddewi. Ar eu taith drwy Gymru yn 1188 arhosodd yr Archesgob Baldwin ac yntau am noson yn y fynachlog. Ac er y cwyna mai lleygwr oedd yr abad ar y pryd, rwy'n siŵr i Gerallt gael sgwrs hirfelys â'r brodyr ynglŷn â'r posibiliadau yn Nhyddewi. Erbyn i William Morgan gael ei wneud yn ficer roedd y mynachlogydd wedi'u dileu a'r dadeni a'r Diwygiad wedi gafael yn gryf. Bu llawer tro ar fyd ers hynny, a thri chwarter canrif yn ôl daeth awdurdod Caergaint dros Gymru i ben, er mai prin bod pawb yn sylweddoli hynny o hyd gwaetha'r modd. Bu dadlau cryf yn erbyn y datgysylltu a darogan mawr y byddai ar ben arnom fel Eglwys pe cymerai le. Profwyd yn fuan mai di-sail oedd yr ofnau.

Daeth yn amser imi adael yr eglwys a mynd allan i des y prynhawn. Wrth i Gwenallt fynd allan o'r Cymun bythgofiadwy troes 'duwch marwol yr yw yn Llanbadarn yn wanwyn o wyrdd,' a gwelodd y môr 'yn carlamu i gofleidio Rheidiol ac Ystwyth, a'i ewyn yn fflam a'i donnau i gyd ar dân.' Roedd y byd cyfan wedi cael ei drawsnewid. Ac wrth i minnau fynd ar y bws tua Llanddewi, a'r haul yn goreuro golud yr hydref a tharo'n fflamgoch ar y llwyni haws a'r coed criafol, cefais y teimlad braf o fod mewn cytgord â phawb a phopeth. Daeth imi o'r newydd bod y llinynnau wedi syrthio imi fel Cristion ac fel Cymro mewn lleoedd hyfryd, a bod imi etifeddiaeth deg. Diawch, roedd yn deimlad anfarwol.

PWLLDERI

Diwrnod tesog euraidd yn nechrau hydref, a dyma fi o'r diwedd yn sefyll yn syn uwchben Pwll Deri. Dywedaf o'r diwedd oherwydd, a minnau wedi byw o fewn cyrraedd iddo cyhyd, dylswn fod wedi ymweld ag ef lawer cynt. Ond dyna sut mae hi. Mae digon o bobl yn byw wrth droed yr Wyddfa heb byth wedi mentro i'w phen. Beth bynnag, gwell hwyr na hwyrach, a dyma fi'n awr yn sefyll ar y llethr uwchlaw'r môr, lle bu Dewi Emrys yn edrych 'lawr i hen grochon dwfwn' a chael ysbrydoliaeth i ganu'i gân. Gwnaeth yr un gymwynas â Phwllderi ag a wnaeth Cynan â Llanfihangel Bachellaeth a Chrwys â Melin Trefin. Mae Pwllderi'n rhyfeddod ynddo'i hun, ond yng nghwmni Dewi Emrys mae'n anfarwol. Clywais y bardd yn darlithio unwaith ar 'Yr Hunan A'i Frwydrau.' Nid Pwllderi oedd yr unig hen grochon dwfwn y syllodd i'w ddyfnder.

A dweud y gwir, er huotled y gerdd, nid oeddwn wedi sylweddoli mai pwll môr ac nid pwll afon y daethwn i'w weld. Roedd cael hyd iddo mewn cilfach o'r neilltu yng nghysgod ynys o graig ysgythrog a honno'n ymsythu fygythiol o'r dyfnder du, yn dipyn o syndod. Gallaf ddychmygu'r olygfa pan gyfyd y gwynt i gorddi'r tonnau a'r adar yn gwibio a gweiddi rhwng craig a glan gan ddiced y ddrycin. Rhaid imi ddod 'nôl eto yn nyfnder gaeaf a dal fy nhir yn strem y storm i brofi arswyd y dwnshwn mawr.

Ond heddiw ar brynhawn mor falmaidd a'r gwynt yn cael cyntun hir, môr o wydr oedd yn estyn o'm blaen hyd hen linell bell y gorwel,a smaliai'r gwylanod mai elyrch oeddynt yn nofio'n osgeiddig ar lyn plas. Roedd y môr cyn lased bron â glesni syfrdanol ffenestri lliw John Piper yn eglwys Abergwaun a welswn ar fy ffordd i Bwll Deri – y dair ffenest gydweddol, sy'n darlunio Crist yn tawelu'r storm a beryglai'r cwch, a'r storom niwclear sy'n bygwth y byd.

Wrth imi'n ddrachtio'n hir o'r olgfa ysblennydd, aeth fy meddwl yn ôl at steddfod Llanddewi slawer dydd. Ar un adeg yr arfer oedd cynnal steddfod bob blwyddyn – dim steddfod chwaith ond Cwrdd Cystadleuol. Talentau'r fro oedd yn ymgiprys am y rhubanau mawr a'r gwobrau bach. Wedi i'r plant ddarfod o'r diwedd, doi cyfle'r bobl mewn oed. Yr un mwy neu lai oedd yr arlwy bob blwyddyn, gan mai agored oedd bron pob cystadleuaeth. Yn yr her unawd byddai Maisie gan amlaf yn canu Llam y Cariadau a'u bronnau'n llamu a disgyn gyda'r gân. Byddai Dai John Post yn siŵr o fentro unwaith yn rhagor ar Arafa Don, heb fodloni'r beirniad eto gwaetha'r modd bod ei donyddiaeth yn hollol bur pan ddoi at 'Fe ho-olltai'n ddeilchion dan fy mron.' Ond y canu mwyaf gwefreiddiol oedd deuawd flynyddol Wat a Gwilym Mynachdy Bach, sef eu datganiad o farwnad R. Williams Parry i Hedd Wyn ar yr alaw Llwynon. Stocyn byr unionsyth oedd Wat fel bonyn derwen, a Gwilym yn dal a hydwyth fel cainc helygen. Plygai'n isel at ei frawd, i daro 'Y bardd trwm dan bridd tramor' gyda'r fath angerdd hudolus, nes gwefreiddio pawb. Mor huawdl oedd y datganiad a hyfryd y cytgord, fel na chofiaf iddynt gael eu curo o gwbwl.

Daniel Jones, Dan Rynys, oedd y beirniad llên ac adrodd. Ffarmwr diwylliedig a graen ar ei iaith a mwynder trwynol yn ei lais. Ef hefyd oedd yn gosod y limeric a'r frawddeg a'r darn heb atalnodau a'r testun siarad ar y pryd. Byddai tua deg ohonom yn cystadlu ar y siarad ar y pryd, ac un tro ar ôl i'r ddau neu dri cyntaf fracso drwyddi, daeth gwybodaeth gyfrin i'n hystafell gudd y tu ôl i'r llwyfan mai Mussolini oedd y testun. Dim rhyfedd, a minnau'r olaf i fynd ac wedi cael digon o amser i feddwl, mai fi enillodd. Ar bris cydwybod euog!

Uchafbwynt y noson oedd Jac Lletyshôn yn yr her adroddiad. Ffarmwr bach sionc a siriol oedd Jac, gydag ychydig grychni'n ei wallt ac ychydig gryndod yn ei lais. Safai'n hamddenol ar y llwyfan a'i fawd ym mhoced ei wasgod a gwên fach ar ei wyneb, i ddisgwyl i'r rabscaliwns yn y cefn ostegu. Weithiau adroddai Ddameg y Mab Afradlon neu Wil Bryan yn brolio 'Cheek'. Ond yn amlach na heb Pwllderi oedd ei destun. Roedd wedi meistroli'r dafodiaith i'r dim, ac er bod rhai geiriau'n swnio'n ddiarth i ni'r Cardis, gwyddai pawb beth oedd ganddo dan sylw. Roedd ei lygaid a'i lais a'i ystum yn gweld at hynny. Cyn bod sôn am y gwahaniaeth rhwng adrodd a llefaru fel sy bob blwyddyn yn y Genedlaethol, roedd Jac wedi hen ddysgu bod yn 'true to nature.' Eisteddai'r plant bron o dano ac edrych i fyny i fyw ei lygaid, a gwyrai yntau drostynt a'i drem yn trywanu at waelodion crochon Pwllderi,

'A hwnnw'n berwi rhwng creigie llwydon
Fel stwcedi o lath neu olchon sebon.'

Wedi creu darlun o arswyd y lle a sŵn dychrynllyd yr adar a'u mil o regfeydd, doi cynhesrwydd i'w lais wrth ddisgrifio'r croeso yn Nolgar uwchben y môr, lle bu Dewi Emrys yn aros i synhwyro naws y fro a meistroli'r dafodiaith.

'Cewch lond y lletwad, a llond hi lweth,
A hwnnw'n ffeiniach nag un gimisgeth;
A chewch lwy bren yn ffiol hefyd
A chwlffyn o gaws o hen gosyn hyfryd.'

Wedyn daliai diriondeb y darlun o'r bugail yn achub oen o'r dwnshwn,

'Nid gwerth yr ŵen ar ben y farced
Ond 'i glwed e'n llefen am gal 'i arbed;
Ac fe wedith bŵer am Figel mwyn
A gollodd 'i fywyd i safio'r ŵyn.'

Roedd y gymeradwyaeth ar y diwedd yn fyddarol, a doedd dim cwestiwn pwy a enillai'r wobr. Ni chlywais neb cynt nac wedyn yn adrodd PWLLDERI fel Jac Lletyshôn.

Yn un o'r cyfarfodydd cystadleuol yn Llanddewi y profais ramant am y tro cynta. Roeddym wedi bod yn llygadu'n gilydd ers meityn, ac wrth godi at Hen Wlad Fy Nhade ces blwc o rwle i nesu ati a gofyn a gawn ei cherdded adre, heb wbod ble'r odd hi'n byw. Mowredd, rodd hi'n byw ym Mhennant, tipyn o bellter i ffwrdd. Ond petai wedi gweud bod ise mynd at ben Trichrug byswn wedi mynd, gan mor bert oedd hi, a dannedd neis, a'i phersawr mor hudolus. Wel, dyna oedd noson fendigedig, noson glir oerllyd, noson i glosho a'r lleuad bron yn llawn. Rown i'n swil dychrynllyd ac yn treio meddwl yn galed am rwbeth i weud. A phan âi'n nos arnai, a hithe'n gweud dim byd ond hanner-gwenu fel bydd merched, fe ddechreuwn ganu 'Tyner yw'r lleuad heno, dros fawnog Trawsfynydd yn dringo' yn steil Gwilym Mynachdy Bach. Beth odd hi'n neud o hynny, dwn i ddim. Ond mi wellodd pethe nes mlân. Wedyn y gusan wrth y gât wen a'r ffarwelio trist – hi'n mynd i'r tŷ a finne'n troi sha thre. Dwy filltir dda o gerdded dan y lloer yn yr orie mân yn fy aros. A finne'n codi'n nhrâd fel cobyn Ceredigion . . .

'A thina'r meddilie sy'n dwad ichi
Pan foch chi'n ishte uwch ben Pwllderi.'

PEDOL

Bu gennyf ysfa ers amser i fynd yn ôl i Esgairarth. Yno y'm ganwyd ac yno y treuliais fy neunaw mlynedd cyntaf. Mae'n ffarm go fawr, am ei bod yn gasgliad o nifer o ffermydd bach tlawd a roddwyd at ei gilydd tua diwedd y ganrif o'r blaen. Cododd Stâd Mynachdy dŷ newydd sbon yno bryd hynny – gyda simneiau o frics melyn iddo. Tŷ dymunol iawn a dweud y gwir a gardd helaeth o'i flaen, a nant fach yn rhedeg yn ddistaw gyda'i gwaelod tuag Afon Arth yn isel yn y cwm. Cyfrifid Esgairiarth bob amser yn lle diarffordd dros ben, ond erbyn hyn, a phobman pell o fewn cyrraedd, mae modd mynd ato mewn cerbyd ar fyr dro. Rhed ffordd wastad yn awr ar draws meithder o dir nad oedd gynt ond rhostir gwael, cartref grug ac adar mân, ac ambell gornchwiglen a sgwarnog.

Daeth fy mrawd gyda mi, ac wedi cyrraedd, cawsom y teimlad ar unwaith mai aelwyd oer oedd yn Esgairarth bellach. Roedd gwedd amddifad ar y tŷ, a phan aethom i guro'r drws nid oedd ateb. Tystiai'r tyfiant gwyllt o gwmpas ac annibendod cyffredinol y lle nad oedd neb yn gofalu mwyach. Roedd y clôs a fu ar un adeg yn ferw o geffylau a gwartheg, ieir a moch, yn wag a distaw fel cae ffwtbol awr wedi'r gêm. Yr unig sŵn oedd gwich ddi-olew hen ddrws y beudy yn cau ac agor yn y gwynt. Ond toc clywsom sŵn lleisiau'n dod o gyfeiriad un o'r siediau diarth yn y cefn, a dyna lle'r oedd dwy ferch gyhyrog yn pwyso ŵyn. Esboniodd y ddwy inni'n Saesneg bod y tŷ'n wag, ond eu bod yn cael cadw defaid ar y tir a bod yr ŵyn i gael eu gwerthu drannoeth. Rhyfeddent ein bod ni'n dau wedi'n geni a'n magu yn Esgairarth. Ond ofnaf na wnaeth cywreinrwydd caredig y bugeiliaid newydd hyn ddim oll i dorri ar ein chwithdod.

Mae treigl amser ac absenoldeb maith yn dieithrio pawb oddi wrth ardal a man a phobl, ac wrth fynd yn ôl chwiliwn am y pethau cyfarwydd i angori'n hunain drachefn. Aethom ninnau'r diwrnod hwnnw at y ffynnon wyngalchog na fyddai byth yn sychu, y tynnem ac y cludem ohoni bob diferyn o ddŵr glân. Ond nid oedd sôn amdani. Roedd wedi mynd â'i phen iddi siŵr o fod o dan y drain a gordeddai'r fan. A beth ddaeth o'r hen dŷ a safai ar foncyn uwchlaw'r tŷ newydd? Yno y cadwem y crugyn tatws, ac yno roedd y pair ar gyfer eu berwi i'r moch. Yn y daflod simsan o golfenni a rhedyn y nythai ac y clwydai'r ieir, ac y canai'r ceiliogod yn yr oriau mân. Yno y diflannodd fy mam un tro pan alwodd y ffeiriad heibio'n ddirybudd, a'i dal yn ei ffedog ganfas ar ganol ei gwaith. Gorfu i'r lleill ohonom ddal penrheswm ag ef, ond nid oedd mynd arno nes iddi ymddangos o'r diwedd gyda gwên lydan a chwech wy brown yn ei ffedog. Druan o'r ffeirad. Ni fedrai ennill. Os na ddoi i'n gweld, beth yn y byd a wnâi â'i amser? Pan ddoi, greddf naturiol pawb oedd rhedeg i guddio. Beth bynnag nid oedd carreg ar garreg ar ôl o'r hen dŷ. Ac am yr hen dderwen o'i flaen a ddringem fel gwiwerod, roedd wedi diflannu o'r brig i'r gwraidd.

Roedd y stabal yn dal yng ngwaelod y clôs, a slawer dydd roedd yn gartref i bump neu chwech o geffylau, a'r llofft stabal yn gartref i'r crwydriaid a ddoi o bryd i'w gilydd i roi help llaw ar y ffarm, fel Harri bach oedd yn llawn ymffrost a Dic o Fôn oedd yn llawn chwain. Dychmygwn weld y ceffylau'n dychwelyd yn chwyslyd o galedwaith y dydd i dorri'u syched wrth y psityll, a dechrau'n awchus ar eu pryd. Hyfryd oedd isel sŵn eu malu o un pen i'r stabal i'r llall. Ceffylau cyffredin oedd y rhain a bach oedd eu llwyfan. Y cyfan a gaent weld o'r byd oedd ambell drip i'r dre i 'mofyn blawd neu lo neu giwana. Ceffylau Cymraeg oeddynt i gyd ond Saesneg oedd eu henwau. Sut mae cyfri am hynny? Charmer a Flower, Black a Prince, Darby a Dol, Bess a Jolly. Ie Jolly. Pa fodd yr anghofiaf hi, yr hynaf a'r ffyddlonaf ohonynt? Pan aeth yn rhy fusgrell i symud, torrwyd twll anferth iddi yng nghornel isaf Cae Gwair Bach, ac arweiniwyd hi ato'n, araf. Un ergyd, a syrthiodd yn grwn i'r bedd. Prynhawn dydd Sadwrn oedd hi yn yr hydref, fe gofiaf yn dda. Roedd ceiliogod ffesant tewion y Stâd yn clochdar yn uchel yn y coed islaw, heb feddwl o gwbl bod rhybudd iddynt hwythau hefyd yn sŵn y gwn. Bu hiraeth hir arnaf ar ôl Jolly fel ag ar ôl yr hen fuwch goch a fu farw rhyw ganol haf o or-fwyta. Mynd i mewn i'r adladd meillion oedd ei phechod hi, a gloddesta mor ddiarbed nes chwyddo fel casgen. Pe gwyddai rhywun yr union fan i blannu cyllell yn ei bol a thorri'r bledren wynt, byddai wedi byw. Ond ni wyddai neb. Fe'i claddwyd hithau'n barchus. Ni chafodd hi na Jolly fynd i'r cŵn.

Ond rwy'n crwydro. A minnau'n sefyll wrth ddrws y stabal yn hel meddyliau, disgynnodd fy llygaid ar bedol a oedd yn hannerguddiedig yn y mwd o dan y ffenest. Cydiais ynddi'n awchus a'i glanhau. Pedol ôl ceffyl gwaith oedd, wedi gwisgo'n denau ac yn rhwd i gyd. Ni sylweddolais ei harwyddocâd nes crybwyllodd fy mrawd na fu ceffyl gwedd yn agos i Esgairarth ar ôl ein hamser ni. Llamodd fy nghalon wrth feddwl fod y bedol yn y baw yn pontio'r blynyddoedd ac yn ein cydio wrth y cyfnod cyn bod tractor, a ffordd o fyw sy mwy na neb wedi llwyr ddiflannu. Adeg arafach y ceffyl oedd, adeg y peiriannau nas gwelir yn awr ond yn segur mewn amgueddfeydd ar hyd a lled y wlad. Mae'u gweld mewn lleoedd felly'n destun cywreinrwydd i ymwelwyr, ond yn deimlad od o gymysg i fi.

Cofiais am Dai Go Bach a'i efail to sinc ym Mlaencannog, man cyfarfod ardal gyfan. Pwtyn o ddyn direidus oedd, gyda wyneb pygddu fel y gof bach ym Migldi Magldi. Tu ôl i'w fwstash trwchus gwisgai wên gellweirus wrth gnoi a driflio'i faco shag a phoeri'n fynych i'r tân, a ymddangosai'n aml yn gwbl farw nes i un anadliad o'r fegin fawr ei adfywio'n wyrthiol. Ef oedd pen crefftwr y fro, a gallai droi'i law at drin arad ac oged, rhoi cylch am olwyn, a gwneud cylch i blentyn, a thrwsio peiriant. Ar dywydd gwlyb y doi'r ffermwyr â'u ceffylau i'r efail fel rheol, a byddai'n rhaid aros yn hir i ddisgwyl tro. Ond ag arogldarth y pedoli'n esgyn a Dai'n mynd drwy'i bethau a sôn yn ffraeth am helyntion y fro a throeon trwstan ei chymeriadau, diflannai'r amser fel gwynt. Ben Cwm yn dod adre'n hwyr y nos yn dablen fawr ac yn chwilio am ei dŷ a sefyll ar ganol cae gan daro'r ddaear â'i ffon a gweiddi, 'Ble ddiawl 'rath Felin Cwm? Fan hyn odd e bore ma.' Rhyw ddifyrrwch felly a'n cadwai'n llon a'r ceffylau'n ddiddig, oherwydd rwy'n tybio bod y rheini'n oleddu'u clustiau rhag colli dim o'r hwyl.

Roedd lle debyg iawn i amau geirwiredd Dai Go Bach, ond doedd dim cwestiwn am ei grefft. Wedi naddu a llyfnhau'r carn, trawai'r haearn gwynias ar yr einion a'i blygu mor ddewinol nes neidiai pedol berffaith allan ohono. Mae rhywbeth yn atyniadol mewn siâp pedol, ac mae'n hyfryd i afael ynddi a'i thaflu fel mewn gêm o goets. Ac o gofio i'r ceffyl fod yn wrthrych addoliad mewn sawl hen ddiwylliant ar gyfrif ei osgedd hardd a'i rym; a bod pobl wedi hen gredu yn nodweddion llesol haearn – dim rhyfedd bod pedol wedi mynd yn arwydd o lwc dda a ffyniant. Synnwn i ddim nad oedd ceffylau'r fro wrth hamddena yn yr haf a chosi'i gilydd, yn sôn am Dai Go Bach a brolio trwch ac esmwythder eu pedolau. Beth bynnag gwelais aml un yn camu'n dalog o'r efail gan godi'i draed fel ceffyl sioe, a'i bedolau atseinio ar y ffordd fel clychau'r llan.

Bu farw Dai Go Bach yn ifanc a chladdwyd ef ym mynwent yr

51

eglwys. Cwynodd Ben Cwm nad oedd wedi gwneud 'stand' o fath yn y byd yn erbyn y gelyn mawr. Hyd y gwn i nid oedd Dai'n ddyn crefydd o gwbwl, ond clywais ei fod yn glynu wrth hen draddodiad y gofaint i gau'r efail ar y Groglith rhag defnyddio hoelion. A Dai wedi mynd a'r drws ar glo, bu'r gymdogaeth ar goll am yn hir. Ond erbyn hynny roedd dydd y ceffyl gwaith drosodd i bob pwrpas, a dydd y peiriant a newid naws ardal, wedi dod.

Wrth ddychwelyd i'r fangre lle buom gynt, ni wyddai Ifan a minnau beth i'w ddisgwyl yn iawn. Ni welsom fawr i godi calon. Roedd Esgairarth yn wag ac anniben, yr ardd yn wyllt, y llwybrau wedi cau, a'r iaith wedi darfod. Ond daethom o hyd i hen bedol yn y baw.

CANNWYLL

Fel gloyn o gylch cannwyll
   Y dawnsiai'r eneth dlos,
Gan droi a throi'n ddiorffwys
   Fel pe i herio'r nos.

Dilynem ninnau'n orffwyll
   Ei helbul hi a'i hynt,
Nes daeth y diffodd sydyn
   Fel cannwyll yn y gwynt.

Ac yna torrodd galar
   Fel ton ar don ar draeth,
Ac ing diffoddi'r gannwyll
   Drwy'r byd yn gyfan aeth.

Mi es i'r llan yn ddistaw
   Yn un o dorf ddi-ri;
Goleuais yno gannwyll
   Er cof amdani hi.

CWNINGOD

Mae dwy wningen dorrog yn pori yn yr ardd, ac mae'r letus mewn peryg. Dyma'r tro cyntaf mewn saith mlynedd imi'u gweld yma, ac mae nhw'n dipyn o syndod. Wedi dechrau ymestyn eu tiriogaeth y mae nhw o gae cyfagos lle buont yn amlhau'n ddirfawr yn ddiweddar. Cynnydd y boblogaeth yn mynnu mwy o dir, dyna sy'n digwydd. Mae hon yn broblem drwy'r byd. Popeth yn iawn iddyn nhw ddod am dro, a mynd yn ôl o'r golwg dros ben clawdd. Unwaith y cân nhw'u traed o dan y bwrdd, mae ar ben. Oherwydd does neb wedi ufuddhau'n well na chwningod i'r gorchymyn dwyfol i ffrwytho ac amlhau a llenwi'r ddaear.

Yn yr hen Lyfr Gweddi, ar y dudalen olaf un, roedd 'na Daflen Carennydd a Chyfathrach ddiddorol a doniol, sef rhestr hir o berthnasau na châi mab a merch yn gyfreithlon eu priodi. Ni châi mab er enghraifft briodi ei nain, gwraig ei daid na nain ei wraig, na merch briodi mab ei gŵr, gŵr ei merch, na gŵr merch ei gŵr. Pan oeddwn yn grwt, y daflen ddifyr hon a Ffurf Gweinyddiad Priodas a ddarllenwn yn aml tra'r oedd y Ficer yn mynd trwy'i bregeth. Ond mae'n bur amlwg nad yw cwningod yn cydnabod unrhyw daflen carennydd a chyfathrach. Os oes rhywun am briodi'i chwaer neu'i nain, bant â hi. Mae'r oll yn gyfreithlon. Y canlyniad yw pla, fel a gaem yn Esgairarth, a'r cwningod yn llifo lawr y bronnydd ddechrau haf yn un ton lwyd, a'r cynffonnau aneirif fel ewyn yn torri'n fân ar draethell. Roedd hyn cyn bod sôn am y micsomatosis ffiaidd, a ysgubodd wningod y wlad i abergofiant dros dro. Erbyn hyn maent wedi atgyfodi droeon, ond yn anaml y dônt i'r ford yn awr. Mewn dyddiau prinnach roedd cwningen mor flasus â ffowlin, a gwnâi bryd rhagorol i deulu cyfan am swllt. Os gallai rhywun ddal drewdod y di-berfeddu!

Ar wahân i'r wenci, yr arfau'n erbyn pla'r cwningod slawer dydd oedd gwn a rhwyd, magl a thrap. Y mwyaf effeithiol mae'n debyg oedd y trap. Bob gaeaf doi dau drapwr cyhyrog i Esgairarth am bythefnos i ddal cwningod. Efeilliaid oeddynt a byddai'n anodd gwahaniaethu rhyngddynt oni bai bod trwyn Griffith John yn fwy fflat nag un Lewis a'i fod yn fwy tawedog dyn. Roedd y ddau am y gorau'n codi pwysau ac roedd eu cyhyrau tonnog yn eu hanterth yn un o'r saith rhyfeddod. Dilyn bocsio a siarad am gampau paffwyr mawr y byd oedd eu hoff hobi. Ond roedd gan Lewis ddiddordeb anniwall hefyd mewn gwrando ar bregethwyr mawr. Âi ar eu hôl bellter ffordd a byddai'n eu dynwared gyda blas a mynd i hwyl ysgubol. Roeddwn innau'n glustiau i gyd yn gwrando arno. Dychmygwn y byddwn innau'n pregethu i gynulleidfaoedd enfawr un dydd. Dysgais yn wahanol. Nid cynnwys y bregeth a'i gogleisiai yn gymaint â huodledd a ffraethineb y pregethwr, a'i allu i wneud theatr o'r pulpud. Ac nid ef oedd yr unig un yn ein cymuned fach ni i fedru cofio pregeth ar ei hyd. Mae ail-adrodd a chadw ar gof yn rhan annatod o'r traddodiad llafar.

Ar nos Wener tua naw o'r gloch cawn fynd allan gyda Lewis i gasglu'r cwningod a ddaliwyd . Ond cyn mynd roedd rhaid cynnau'r lamp garbaid. Y dasg gyntaf oedd crafu'r hen bowdwr allan o'i chrombil, a stumogi'r drewdod ofnadwy. Rhoi carbeid ffres i mewn wedyn, a'r cyfuniad o hwnnw â dŵr a roddai'r golau llachar i hollti tywyllwch y cae hyd ymhell. Nid oedd byth lai na rhyw ddeg ar hugain wedi'u dal, a'r rheini wrth inni ddynesu yn sgrechian a strancio'n orffwyll i ddod yn rhydd. Ond yn ofer. Un ergyd â min y llaw ym môn y glust, neu blwc sydyn ar y gwddw, a dyna'r boen ar ben. Ail-osod y trap wedyn ar lefel y ddaear a chuddio'i dafod â phorfa, ac ymlaen â ni o drap i drap nes darfod y rownd – fi'n dal y lamp a Lewis yn cario'r baich. Erbyn diwedd y pythefnos roedd cannoedd wedi'u dal. Caent eu danfon bob dydd ar y trên, ac mae'n debyg bod rhai'n mynd at eu cyd-Gardis a wnaethai'r un siwrne o gefn gwlad ar amser gwael, i werthu llath yn Llunden. Wedi'r gyflafan âi gweddill y cwningod ati drachefn i lenwi'r rhengoedd, ac erbyn yr haf byddai to newydd wedi codi i ddifa'r ŷd ac i chwarae yn yr haul – heb gof am a fu nag ofn am a ddelai.

Wrth edrych yn ôl, y peth sy'n fy synnu fwyaf yw fy mod wedi derbyn creulondeb dirdynnol y trap dur mor ddigwestiwn. Nid oedd poen yr wningen na'r dychryn yn ei llygaid yn mennu dim arnaf, mwy na gwân y gyllell lem a'r sgrech annaearol a'r pistyll gwaed ar ddydd lladd mochyn. Pam? Am fod hynny'n hollol dderbyniol ar y pryd yn y gymuned y perthynwn iddi. Fel roedd ymladd ceiliogod yn dderbyniol ar un adeg ac fel mae ymladd teirw'n fwy na derbyniol yn Sbaen o hyd, er mor farbaraidd yw. Lle erys creulondeb, mae'r gydwybod heb ddeffro.

Maglu cwningod a wnâi Ben Cwm, ac roedd yn gelfydd eithriadol wrth y gwaith. Mae cwningen yn dilyn yr un llwybr o hyd, ac o graffu gellir canfod y pant bach lle disgyn ei thraed ar derfyn ei sbonc. Gosodai Ben wifren fain y fagl y pellter perffaith o'r pant, ac ar yr union lefel i ddal yr wningen wrth iddi godi drachefn. Y canlyniad oedd iddi gael ei chrogi neu'i dal gerfydd ei bol. Profiad digon annymunol wrth gwrs ond dim cyn greuloned â thrap. Ar wahân i ambell ddiwrnod o waith yma a thraw am driswllt y dydd, dal cwningod oedd unig fywoliaeth Ben. Rhyw ddeg i ddwsin a ddaliai ar y gorau. Plethai'u coesau ôl cyn rhoi pastwn cryf drwyddynt ar gyfer eu cario i'r dref milltir dda i ffwrdd. Yn yr haf fe'i dilynid gan orymdaith ddi-ildio o bryfed glas yn gwibio drwy'i gilydd, ac yntau'n tynnu ar ei bibell glai ac yn ysgwyd macyn coch i'w cadw draw. Wedi gwerthu'r cwningod a dioddef pwys a gwres y dydd, âi Ben i'r White Lion am beint. Âi un peint yn ddau a dau'n dri, nes bod ei ddychwel gyda'r hwyr yn fater o wibio disymwth i'r dde ac i'r aswy, a thaflu'i hun yn garlibwns i'r clawdd a gweiddi Moto! Moto! bob tro y gwelai o bell olau car yn pladurio'r tywyllwch.

Mae'n anodd dychmygu rhywun llai tebyg i botshwr na Ben Cwm. Dyn hir main a hynaws oedd tua hanner cant, gyda gwallt llaes yn llwydo a mwstashen yn gwynnu, a doniolwch parhaus yn chwarae'n ei lygaid glas. Roedd ei gerdded wrth ei ffon yn rhywbeth rhwng cam a naid, a'i draed ar chwarter i dri. Roedd yn ddyn swil anghyffredin hefyd. Os câi gyfle âi i guddio tu ôl i lwyn yn hytrach na wynebu rhywun. Yn llechwraidd y cyrchai ddŵr bob dydd o ffynnon Caebislan, led cae i ffwrdd. Ni ofynnodd erioed am ganiatâd i faglu ar ein tir ni, dim ond sleifio o gae i gae yn y llwydnos i osod, ac yn y bore bach i hel. Gwyddem o'r gorau am ei symudiadau, a gwyddai yntau'n burion ein bod yn gwybod. Ond ni chymerodd neb arno – sefyllfa ddoniol sy'n codi o hyd ac o hyd rhwng cymdogion.

Y stori am Ben oedd iddo fod mewn busnes yn Llunden a bod yr hwch wedi mynd drwy'r siop oherwydd y botel. Soniai lawer am Lunden ac am Barking yn arbennig, heb ddatgelu dim oll o'i hanes personol. Yn ddios roedd yn ŵr gwybodus a diwylliedig, ac ef oedd y cyntaf i agor drws rhyfeddod imi. Diddorai mewn seryddiaeth, a threuliodd fy mrawd a minnau lawer noson rewllyd glir yn ei gwmni'n dysgu am yr haul a'r lloer, a dysgu adnabod y sêr a'r planedau, gan ddechrau gyda'r Arad Fawr a Seren y Gogledd. Ar ambell noson oer ddigwmwl, a minnau'n aros i syllu i'r ehangder pell, daw rhin y rhyfeddu cyntaf yn ôl i mi o hyd. Un peth yw dysgu ffeithiau. Peth arall yw gweld rhyfeddod.

Weithiau pwysai Ben ar ei ffon i drafod crefydd. Ef oedd yr amheuwr cyntaf y deuthum ar ei draws. Trwyddo ef y dysgais yn gynnar nad llyfr am wyddoniaeth yw'r Beibl, gan arbed llawer o ddryswch i mi fy hun nes ymlaen ynglŷn â hanes creu'r byd. Roedd yn bendant iawn hefyd ar bwnc yr atgyfodiad. 'Unwaith 'rei di lawr i'r twll, ddoi di ddim o 'na,' meddai, gan daro'r llawr yn gadarn â'i ffon. Wyddwn i ddim beth i'w wneud o ddatganiad o'r fath, oherwydd roedd pawb arall i bob golwg yn credu popeth. Ond doedd dim achos poeni gan fod y twll yn ddigon pell bryd hynny. Er gwaetha'i amheuon, fe ddoi Ben i'r llan unwaith yn y pedwar amser, ac eistedd wrth y drws, nid i ymuno ond i wylio. Un o bobl yr ymylon oedd ef ac un annwyl dros ben. A yw'n syndod fy mod yn meddwl amdano'n awr, a dwy wningen dorrog yn pori yn yr ardd?

OLYNIAETH

Rwy'n edrych ar ei llun y funud hon – Gwenllian fy hen famgu. Mae'n eistedd yn jôcos yn yr ardd ar hen gadair siglo, gyda llwyn llawn blodau yn y cefndir. Mae'i dwylo ar ei harffed, y chwith dros y dde, a'r ddwy'n gorffwys yn esmwyth ar scert gwmpasog gynnes o frethyn cartre du a gwyn, a phatrwm o sgwariau bach twt wedi'i wau drwyddi. Mae'i hysgwyddau'n oleddu braidd dan bwysau siôl drom gyda'i gwaelodion o gudynnau gwlân yn disgyn yn rheolaidd dros freichiau'r gadair a'i breichiau hithau. Boned ddu sydd ar ei phen a daw'r rhuban du ohoni i lawr yn dynn dros y clustiau, i ddarfod mewn cwlwm mawr petryal dan yr ên. Mae'i gwallt gwyn trwchus, wedi'i rannu'n y canol, yn do i'w hwyneb sgwâr, a rhydd difrifwch ei gwedd ac amynedd maith ei llygaid yr argraff o gadernid disigl fel eiddo hen dderwen neu hen eglwys. Pam mae gen i gymaint o feddwl o lun Gwenllian? Am fod dolen goll yn fy mywyd. Ni chefais y cyfle i adnabod tadcu na mamgu o'r naill ochr na'r llall, na gweld eu llun. Gallaf uniaethu gymaint gwell â hi felly o edrych arni, a dirnad sut un oedd.

Fe'i ganwyd yn ffermdy Cwmporth Ystradfellte yn Sir Frycheiniog yn 1818. Wedi priodi symudodd i fyw i Golbren heb fod nepell i ffwrdd, ac yno ar fferm Tonyfildre y bu fyw weddill ei hoes. Dathlodd ei phenblwydd yn bedwar ugain a deg ym Mawrth 1908 a chanwyd cân i'w chyfarch gan Ap Ifan, bardd lleol. Bu farw dri mis yn ddiweddarach a chanwyd marwnad huawdl iddi gan fardd arall yn dwyn yr enw Creunantydd. Dywed hwnnw i'r hen wraig fod yn ddall ers rhai blynyddoedd ond iddi ddal i fod yn gryf 'yn ei chof a'i chrefydd' ac yn 'frenhines yn ei thŷ.'

A minnau wedi fy ngeni'n Gardi, sut daeth Gwenllian Jenkins o Sir Frycheiniog i fod yn hen famgu i fi? Fel hyn y bu. Roedd gan fy nhadcu, Ifan Lletycrochan, o blwyf Llanddewi Aberarth bedwar o feibion a dwy o ferched. Roedd ef yn ddyn cyhyrog ac yn gyfuniad o ffarmwr a saer maen, a gwelwyd cyfuniad o'r ddeubeth yn nau o'i feibion hefyd. Roedd hi'n ddigon main ar gefn gwlad Ceredigion ar ddechrau'r ganrif hon ond roedd digon o waith yn y sowth. Gallaf ddychmygu'r hen Ifan yn cymell ei feibion i fynd lawr i'r sowth fel y cymhellai Jacob ei feibion i fynd lawr i'r Aifft. Ac i'r sowth yr aeth y ddau frawd i godi tai ac eglwysi a chapeli, gan wneud eu pencadlys yn Seven Sisters, ac ymuno â brawd arall o fasiwn a aethai i lawr i'r sowth o'u blaen, fel Joseff. Dychwelent o bryd i'w gilydd i roi help llaw ar y ffarm adeg cynhaeaf, oherwydd daliai'r tir i dynnu. Fy nhad, William Williams, oedd un o'r ddau.

Toc roedd rhamant yn y gwynt. Un diwrnod, ac yntau'n gweithio ar yr eglwys newydd yn y Seven, gwelodd fy nhad lodes landeg yn brysio heibio gyda'i gwallt cyrliog afreolus wedi'i godi'n gylch a'i glymu'n gocyn. Syrthiodd mewn cariad â hi yn y fan a'r lle. Buan y darganfu pwy oedd, mai Bess oedd ei henw a'i bod yn gweini yn nhŷ'r doctor. Deuddeg oedd hi pan adawodd yr ysgol a mynd i weini ar ffarm cyn symud i fod yn forwyn ym mhlasty Cwmwysg ger Pontsenni, a mynd ymlaen wedyn i dŷ'r doctor; iddi gael ei geni ar ffarm fach ger Abercrâf, mai Richard ac Ann Hopkins oedd ei rhieni, mai glowyr yn bennaf oedd ei thad a'i brodyr, ac mai Gwenllian Jenkins o Donyfildre oedd ei mamgu. Y diwedd fu iddynt 'ddod i ddeall ei gilydd' a phenderfynu priodi a mynd i Geredigion i ffermio. Dyna sut rydw i'n Gardi a sut daeth Gwenllian Jenkins i fod yn hen famgu i fi. Oni bai bod pethau'n fain yn Sir Aberteifi yn negawd gyntaf y ganrif a bod digon o waith yn y de, ac oni bai . . . fyddwn i ddim wedi bod o gwbwl. Mae rhyw oni bai rhyfedd ynghlwm wrth fodolaeth pob un ohonom . . .

Dywedir mai Llywelyn Fawr a gododd eglwys Trefriw, am fod hen eglwys Llanrhychwyn yn uchelion y mynydd yn rhy anghysbell i Siwan ei wraig. Ym mynwent yr eglwys newydd ac yng nghysgod y talcen sy'n wynebu codiad haul mae bedd bach. Mae rhes o goed yw yn ymyl, yn cyd-redeg â'r ffordd. Dros y ffordd a than y fynwent roedd cartre Dafydd Jones o Drefriw yr argraffydd enwog a'r gŵr dawnus, a gladdwyd fel Ieuan Glan Geirionnydd yntau, ym mynwent y llan. Ond nid at feddau'r rhain yr af gyntaf ond at y bedd bach. Croes bren sy'n nodi'r fan ac arni un enw – Gwenllian.

Rwy'n cofio bore'i geni fel ddoe. Mis Mawrth oedd hi a gwynt traed y meirw'n curo wrth ddrws y Rheithordy mawr oer. Roedd gennym ferch fach yn barod, ac edrychem ymlaen yn fawr at iddi gael cwmni brawd bach neu chwaer. Os chwaer, Gwenllian oedd yr enw i fod. A hithau'n gwybod y diwrnod cynt bod ei hamser ar ddod, aethai Mair ar frys i'r cartre geni ym Mae Colwyn, gan fy ngadael i gartre. Bryd hynny doedd dim rhan i dad yn nrama geni. Clustfeinio a disgwyl ar bigau drain oedd ei gyfran ef. A hir yw pob disgwyl, yn enwedig yn oriau'r nos. O'r diwedd torrodd gwawr a daeth dydd, a thua naw canodd y ffôn a rhuthrais i glywed y newydd – Gwenllian wedi cyrraedd a phopeth yn iawn! Dyna ollyngdod tu hwnt i eiriau ac ysgafnder tu hwnt i gân. Ar hynny dyma Mrs. Roberts drws nesa'n galw i holi sut roedd pethau, ac nid cynt y clywodd y newydd nag y syrthiodd ar ei gliniau'n y fan a'r lle, a minnau i'w dilyn, i ddiolch i Dduw am ei ddaioni. Nid anghofiaf y foment.

Ond byr fu'n gorfoledd. Cyn pen fawr o dro daeth newydd tra gwahanol. Doedd pethau ddim yn iawn wedi'r cyfan. Roedd rhywbeth o'i le ar galon y babi, a doedd dim amdani ond ei symud heb oedi i'r ysbyty ym Mangor. Yn sydyn curodd y gwynt yn galetach. Ond roedd hi'n waeth ar Mair na fi. Rown i'n medru mynd, ac roedd pethau i'w gwneud. Roedd hi'n ei gwely a'r amser yn aros, a'r cot wrth ei hymyl yn wag. Aeth cleddyf drwy'i chalon, a llym oedd ei fin. Daeth neges o Fangor yn awr yn gofyn yn garedig a hoffwn i'r baban gael ei bedyddio. Gwyddwn ystyr hynny. Euthum yno fel un mewn breuddwyd. Roedd y coridor mor hir a sŵn fy nhraed yn atseinio mor wag. A dyna lle'r oedd hi yn ei chell fach, mor agos ataf ac eto mor bell ac ar fin mynd ymhellach. Daeth nyrs ataf, ac euthum ymlaen â'r bedydd, 'Gwenllian yr wyf yn dy fedyddio di yn enw'r Tad a'r Mab a'r Ysbryd Glân, Amen, a gwneud arwydd y groes ar ei thalcen gwyn. Aros yno'n hir wedyn i'w gwylio mewn distawrwydd, a'r nyrs wedi cilio'n dawel at ei gwaith. Chawn i ddim codi Gwenllian a'i gwasgu ataf. Ond fe gâi rhywun.

Ddydd ei hangladd daeth cyfaill o blwyf cyfagos i weinyddu. Roedd Mair yn dal yn ei gwely. Collodd y defodau cyhoeddus sy'n glwm wrth farwolaeth, ac amddifadwyd hi o'r galaru agored sydd, er mor anodd, yn rhyddhad i'r galon. Ond nid yr un yw pob galar ac nid yn yr un modd y daw pawb drwyddo. Dewisodd fy nghyfaill ddarllen hanes Dafydd frenin yn galaru ar ôl marw'i blentyn ar y seithfed dydd. Tra'r oedd y plentyn yn fyw bu'r brenin yn ymbil ar Dduw, a gorwedd ar lawr ac ymprydio. Ond yn awr, a'r plentyn wedi marw, cododd a bwyta. Holodd ei wesion beth oedd ystyr y fath ymddygiad. Atebodd yntau nad gwiw iddo ymprydio mwyach, 'A fedraf fi ddod ag ef yn ôl? Byddaf fi'n mynd ato ef, ond ni ddaw ef yn ôl ataf fi.' Bob tro y darllenaf neu y clywaf y geiriau yna, a sgrifennwyd ymhell cyn Crist, Gwenllian yn ei harch fechan o flaen yr allor sydd ar fy meddwl, a'r prynhawn bythgofiadwy yn Nhrefriw pan roisom ei diniweidrwydd yn y pridd.

Ar y pryd ac am hir wedyn myn colli rhywun y lle blaenaf yn ein bywyd. Ond wrth i'r blynyddoedd fynd heibio gyda'u hamryfal droeon symudir y profiad fwyfwy i'r ymyl. Ond nid yw byth yn diflannu, a gall ddychwelyd yn ddirybudd i'r canol unrhyw bryd. Pam mae colli plentyn yn brofiad mor ysgytwol? Oherwydd ei fod yn mynd yn groes i'r disgwyliad naturiol bod rhieni i farw o flaen eu plant. Disgwyliwn bod ganddyn nhw ddyfodol, ac y byddwn ni fyw ynddyn nhw. Yn lle hynny atgofir ni'n egr o farwoldeb pawb o bob oed, a gadewir ni i ddyfalu beth a ddaethai o'r rhai bach petaent wedi byw. A'r plentyn ddim mwyach, mae bwlch am byth ar yr aelwyd. Collwyd rhyfeddod a thegwch blodyn yn agor, ac asbri ac addewid gwanwyn. Aeth llawenydd yn llwch. Gan hynny, oni fuasem yn well ein byd pe nas gwelsem Wenllian o gwbwl? Dim ar un cyfri. Rydym gymaint cyfoethocach o gael ei benthyg er am gyn lleied. Byth oddi ar ei geni deil i fod yn un o'r teulu, ac mor annwyl gennym â'n plant eraill bob un. Yn wir, teimlwn o hyd nad tri o blant sydd gennym ond pedwar. Tra byddwn, hi fydd yr ail.

Ond erbyn hyn mae Gwenllian arall yn y darlun. Ein hwyres fach yw hi, Alys Gwenllian. Mae sbonc anghyffredin ynddi, ac o dan y bwrlwm wyneb cryf a phenderfyniad di-droi'n ôl. Rwy'n meddwl rywsut y byddai hi a'i hen hen hen famgu o Donyfildre yn bartners mawr.

CROESI

Rwy'n byw ym Mhenrhosgarnedd ac o fewn ergyd carreg i Ysbyty Gwynedd. lle mae mil o bobl yn gweithio. Rhwng eu cerbydau hwy a phawb arall mae'r traffig yn ddi-dor, a lleinw'r tawch o'i ôl fy ffroenau'n dynn. Does dim croesfan yma ac felly rhaid disgwyl i gael mynd i'r ochr draw. Bydd y bwlch yn hir yn dod, ond pan ddaw, byddaf yn ei shapo hi'n sydyn i groesi. Rhag i'r ochr draw olygu rhywbeth arall.

Ond mae pethau'n haws i lawr yn y dre. Mae mwy nag un croesfan yno. Arhosaf wrth y goleuadau a gwasgu'r botwm. Ni ddigwydd dim am dipyn, a thra pery'r llif di-atal ni allaf symud cam. A'r byd yn gyrru heibio, nid wyf i neb. Ond yn sydyn try'r gwyrdd yn ambr a'r ambr yn goch. Arafa'r don a gostega'r twrw. Rhybuddia meinswn uchel pingiadau'r groesfan bod y llwybr yn rhydd. Ar amrant caiff y rhai a gronnodd ar y lan eu gollwng fel defaid o gorlan, a chroesi i'r ochr draw fel plant Israel drwy hollt y Môr Coch, a'r tonnau fel deufur o'u deutu. Egwyl fer sydd cyn i'r môr ddychwelyd, ond mae'n egwyl amhrisiadwy. Rhaid i'r cerbydau, er cymaint eu hysfa, aros i'r fam ifanc a'i phram, yr hen wraig wrth ei ffon, a'r dyn dall gyda'i gi fynd drosodd. Yr egwyl sy'n dangos mai trech dyn na pheiriant.

Rwy'n edmygu'r wraig lolipop a welaf ar bwys yr ysgol. Dwywaith y dydd y daw yn brydlon i'r unfan. dwywaith y dydd y daw yn ei lifrau llachar o felyn a gwyn i waredu'r plant. Nid bach o beth yw mentro i'r canol. Mae fel mynd i afon a honno'n llawn llif. Ond mentro a wna, gan ddal ei theyrnwialen yn ddigryn ac atal y cenlli, er mwyn i dwr bach o blant, neu hyd yn oed un, gael croesi. Rhaid gwneud hynny sawlgwaith, nes bod y plentyn olaf yn groeniach. A'r ffon yn ei llaw, hi yw esgob y briffordd. Hi yw'r bugail da a edwyn ei hŵyn wrth eu henwau. Adwaenant hwythau ei llais ac ymddiried eu bywyd iddi. 'Dy wialen a'th ffon a'm cysurant,' yw eu cân. Rhaid i'r peiriant, er grymused, ddisgwyl wrth un plentyn bach.

Croesi o un ochr i'r llall a fydd ein hynt a'n helynt tra bôm. Nes daw'r croesi olaf un. A fydd golau ar y groesfan bryd hynny, a rhywun ynghanol yr afon i fynd â ni drosodd yn ddiogel? Bydd, medd y saint.

61

'YR HEN DŶ'

Bûm yn hir yn dyheu am gyfle i ymweld â'r 'Hen Dŷ yn Poperinge yng ngwlad Belg, ac o'r diwedd fe ddaeth. Ac fel hyn y bu. Roedd pedwar ohonom, John ac Elisabeth, Mair a minnau – wedi trefnu mynd am benwythnos ar drên Eurostar i Frwsel a Bruges, a'i mentro hi drwy'r twnnel am y tro cyntaf. Tipyn o fenter i greadur disymud fel fi. Clywais am rywun yn cwyno'n siomedig wedi gwneud yr un siwrne na welodd hi wir yr un pysgodyn o gwbwl. Credwch fi, y peth olaf a ddymunwn oedd gweld pysgod yn gwibio wrth ddisgyn o fyd y byw i'r Sheol traflyncus hwn. Ond ugain munud yn unig y buom yn chwyrnellu dan y don cyn esgyn drachefn i olau dydd yr ochr draw, a throi fel cath i gythraul am Frwsel. Ar y stesion yno gwelais bod yna drên i Poperinge, a sylweddoli'n annisgwyl fy mod o fewn cyrraedd hwylus i'r tŷ y dymunaswn ei weld cyhyd.

Wedi drachtio'n helaeth o gyfaredd Bruges a gorfod dilyn y merched o gwmpas y siopau am yn hir, dihangodd John a minnau ar y trên i Poperinge, dim mwy nag ugain milltir o daith. Treflan dawel yw Poperinge, ac yno mae'r Hen Dŷ lle cychwynnodd Tubby Clayton ym 1915 weinidogaeth fythgofiadwy i filwyr y meysydd lladd yn Fflandrys, llai na deg milltir i ffwrdd. Nid oeddwn wedi sylweddoli mor eithriadol o wastad yw'r wlad o gwmpas am filltiroedd di-bendraw, na chymaint o fuddugoliaeth i'r naill ochr a'r llall oedd cymryd meddiant o gymaint ag un bryncyn er mwyn medru cadw llygad ar symudiadau'i gilydd. Gallem weld Hill 62 o'r trên, ac ni adawai'r mynwentydd twt a ddoi i'r golwg yma a thraw inni anghofio erchyllta'r gyflafan a fu yn yr un llecyn hwnnw. Natur y tirwedd hefyd oedd yn cyfri bod y ffosydd, wedi glaw trwm, yn troi'n fôr o fwd.

Wrth ddynesu at yr hen Dŷ, y peth a'm trawodd gyntaf oedd ei faint a'i wychter. Tŷ trillawr uchel a helaeth yw, a'i wyneb gwyn wedi'i gerfio'n gywrain. Deallais mai masnachwr hopys (i wneud cwrw) oedd ei berchen cyn y rhyfel cyntaf, a bod hwnnw wedi ffoi i ddiogelwch de Ffrainc cyn torri o'r storm, a gadael y tŷ'n wag. Mae ei du mewn yr un mor urddasol, ac er y defnydd trwm a wneir ohono beunydd gan bobl o bob rhan o'r byd, awyrgylch aruchel plasty sydd iddo o hyd. Mae iddo ardd fawr gysgodol hefyd yn y cefn ac yn ei gwaelod deulu o golomennod gwyn sy'n cydweddu'n hyfryd â hedd y fan. I'r milwyr blinedig o faes y gad, rhaid bod croesi rhiniog yr Hen Dŷ fel camu o uffern i baradwys.

Pan ddaethpwyd i enwi'r tŷ awgrymodd rhywun gallwch fentro 'Church House' ond mynnodd y pen-caplan ei alw ar ôl ei frawd Gilbert Talbot a laddwyd yng Ngorffennaf 1915. 'Talbot House' felly, a dyna'i enw byth wedyn, nes cael ei anwylo hefyd fel yr 'Hen Dŷ'. A chan mai T am Toc a ddefnyddiai'r signalwyr bryd hynny aeth Talbot House yn Toc H, a dyna sut hefyd y cafodd y mudiad clodwiw a darddodd o dan riniog y tŷ a lledu dros y byd, ei enw hynod.

Roedd Tubby Clayton yn ddyn arbennig iawn. Fel dyn gweddol fach gyda sbectol dew ac yn dechrau crymu y cofiaf ef. Tynnai ar ei bibell bob cyfle a chariai gi bach gwyn o dan ei gesail. Gallai ddal cynulleidfa yng nghledr ei law, ac roedd goslef isel ei lais yn cydweddu'n berffaith â dyfnder ei argyhoeddiad. Dyma'r gŵr a oedd yn ben ac yn bont yn Talbot House, lle nad oedd rheng na swydd yn cyfri dim. Ef oedd prif ysgogydd y croeso a phrif ffynhonnell y miri a lonnai'r lle. Roedd yn rhaid cael trefn wrth gwrs, ac erys yr hen arwyddion profoclyd ar y muriau o hyd. Cyfleusterau bwyta oedd ar y llawr isaf, ac ar yr ail lawr gallai'r milwyr ymlacio a darllen ac ysgrifennu. Gwelyau oedd ar y trydydd llawr, ac ar y daflod lle gynt y sychid hopys, gydag ysgol serth i ddringo iddi, creodd Tubby oruwchystafell dangnefeddus a ddefnyddir o hyd fel man da i nesáu at Dduw. Mainc saer ac ôl clwyfau arni yw'r allor. Wrth ei throed cafodd nifer dihysbydd eu cymun cyntaf ac olaf. Dyma lle'r oeddynt ym mlodau'u dyddiau yn derbyn y bara a'r gwin, a sŵn y gynnau ar y gwynt yn eu gwysio bron i gyd i dragwyddoldeb. Wrth benlinio yma, a'r cwpan yn mynd o law i law, mae'n sicr iddynt uniaethu'n ddyfnach na'r rhelyw ohonom ag ing dirfawr y Crist y noson cyn ei ladd.

2

Ar ddiwedd Rhyfel 1914-18 daeth perchennog Talbot House yn ôl i'w aelwyd, ond yn fuan aeth i'r fath drafferthion ariannol nes gorfod gwerthu'r lle i rywun arall. Tua'r un adeg cafodd amryw'r weledigaeth o brynu'r Hen Dŷ i Toc H a llwyddwyd i wneud hynny yn 1929.

Penderfynwyd yr un pryd mai gwell a fyddai i Brydeinwyr a Belgiaid redeg y tŷ a'i weithgareddau ar y cyd. Felly y bu ac felly y pery.

Ym Medi 1939 ymosododd yr Almaen ar wlad Pwyl, a dyna ddechrau'r Ail Ryfel Byd, 21 mlynedd yn unig ar ôl y rhyfel oedd i ddibennu pob rhyfel. 'Rhyfel Ffug' oedd y rhyfel ar ffiniau Ffrainc yn ystod y misoedd cyntaf, ond ar Fai 10fed 1940 torrodd tanciau'r Almaen drwy linellau'r cyngrheiriaid fel ton drwy gastell tywod. Nid oedd gobaith gan yr Iseldiroedd na Gwlad Belg sefyll yn erbyn grym y dwrn dur. Cafodd Maer Poperinge rybudd buan bod yr Almaenwyr am feddiannu Talbot House fel pencadlys i'w lluoedd yn y cylch. Disgwylient y byddai popeth yn barod ar eu cyfer, ond y diwrnod cyn iddyn nhw gyrraedd, roedd pobol Poperinge wedi gwagio'r tŷ yn llwyr gan adael ond sgerbwd o le i'r gelyn. Ysgubodd hwnnw ymlaen am y môr, a sylwais pan oeddwn yno nad yw Dunkirk ond hanner awr golew o Poperinge. Bu swyddogion yr Almaen yn fras eu byd yn yr Hen Dŷ gydol y rhyfel, nes gorfod dianc oddi yno ar frys a'u cynffon rhwng eu coesau, yng ngwanwyn 1945. Nid cynt y digwyddodd hynny nag y tynnodd pobl y dref drugareddau'r hen Dŷ o'u cuddfannau, a'u dychwelyd yn ddi-lwch a gorfoleddus. A'r wlad a gafodd lonydd.

Pwrpas yr Hen Dŷ yw bod yn ganolfan i waith Toc H. Pa fath waith yw hwnnw? Diwedd y rhyfel cyntaf y nod oedd peidio â cholli gafael ar y frawdoliaeth unigryw a ddatblygwyd yn Talbot House, ond mynd â hi'n ôl adre i'r gymdeithas a'i gwireddu yno hefyd. A dyna a ddarfu, nid yn unig ym Mhrydain ond yn India ac Affrica ac Awstralia a Seland Newydd ac amryw o wledydd eraill. Creu celloedd Cristnogol cyfeillgar oedd y ddelfryd, lle gallai pobl o wahanol gefndiroedd gyfarfod ar yr un tir a dod i adnabod a pharchu'i gilydd; a dysgu cydweithio er lles pawb, yn enwedig y rhai mwyaf eu hanfantais.

Rhwng y ddau ryfel tyfodd Toc H yn rhyfeddol a chyflawnodd waith arloesol a chanmoladwy. Ond y tu cefn i bob gweithgaredd elusennol roedd y nod o hyd o greu perthynas agos rhwng pobl a'i gilydd, a fyddai'n pontio'r gagendor sy rhyngddynt. Ym Mangor roedd prifathro cyntaf y brifysgol, Henry Reichel, yn aelod brwd o Toc H y ddinas, a Harri oedd i bawb yno. Un diffiniad o Toc H yw 'To conquer hate' – y dicter sy'n ddwfn ynom. Dyna yw nod yr Hen Dŷ hefyd, a dyna a'i hysbrydola – dim llai na lladd gelyniaeth. Nid crair nac amgueddfa mohono ond pwerdy cymod, gwerddon heddwch.

Roedd cangen o Toc H yng Ngholeg Llambed slawer dydd, ond ni ddeuthum i gyffyrddiad â hi o gwbwl, na deall ei diben. Yn Llandudno y cefais y blas cyntaf o'r mudiad a'i gael yn fawr at fy nant. Hanner can mlynedd yn ddiweddarach rwy'n dal i fod yn ddiolchgar i'r cyfaill a'm tywysodd ato. Nid yw'n hawdd dod i nabod pobl mewn tref glan y môr ganol haf, a minnau newydd symud o gynhesrwydd Cydweli. Ond trwy Toc H roedd gennyf gylch o ffrindiau cyn pen dim – ffrindiau am oes lawer ohonynt. Parhâi rhai cannoedd o weision sifil i weithio yn Llandudno bryd hynny. Buasent yno drwy'r rhyfel, gan gyfoethogi'n aruthrol fywyd crefyddol a diwylliannol y dre. Roedd llawer ohonyn nhw'n aelodau ymroddedig o Toc H, ac wedi hen asio â'r aelodau lleol i greu pedair cangen gref.

Rwy'n hoffi meddwl bod fy nghyfathrach â Toc H yn y cyfnod hwnnw ac ar hyd y blynyddoedd wedyn wedi cyfoethogi fy mywyd a'm gweinidogaeth. Nid wyf yn hawlio imi eu cyrraedd o bell ffordd, ond bu pedwar nod y mudiad, pedwar pwynt y cwmpas – yn ysbrydoliaeth a sialens barhaol imi, sef yng ngwasanaeth teyrnas Dduw i feddwl yn deg, caru'n eang, adeiladu'n hyderus a thystio'n syml. Patrwm sy'n codi'n naturiol o'r Efengyl yw, ac yn hollol gydnaws â hi.

Fel pob mudiad arall, y mae Toc H yn wynebu newid sylfaenol. Aeth y gwaith elusennol i ddwylo eraill, mae'r aelodaeth yn heneiddio, canghennau'n cau a lampau'n diffodd. Ond er gwaethaf popeth nid yw wedi chwythu'i blwc o bell ffordd. I ieuenctid y mudiad nid y cyfarfod wythnosol sy'n bwysig bellach a goleuo'r lamp efydd ar ei ddiwedd, er tlysed y ddefod. Y peth sy'n mynd â hi'n awr yw ymgymryd â phrosiect at ddiben arbennig. Ac wedi darfod honno, mynd ymlaen at un arall. Dyna sut mae ennyn a chadw diddordeb. Ond wedi dweud hynny, ni dderfydd yr angen chwaith am fudiad a fyn bontio'r gagendor rhwng yr Eglwys a'r byd, a dwyn pobol i wynebu'i gilydd ar draws eu ffiniau i drechu gelyniaeth. Sut bynnag y datblyga Toc H, rwy'n ffyddiog y pery'r Hen Dŷ yn Poperinge i'n hatgofio o'r hyn a gyflawnwyd yno mewn dyddiau erchyll, ac i'n goleuo i'r ffordd well. Awstin Sant a ddywedodd bod Duw wedi dewis dwyn daioni allan o ddrygioni o flaen atal drygioni rhag bod. Un prawf o hynny mi dybiaf yw'r Hen Dŷ.

3

Cawsom groeso byrlymus gan Jacques Ryckebosch yn yr Hen Dŷ urddasol yn Poperinge. Ond nid oedd fymryn cynhesach na'r croeso bonheddig a'n harosai yn Yr Ysgwrn, yr hen dŷ dirodres ger

Trawsfynydd. Dymunaswn ei weld ers llawer dydd a rhyw brynhawn o haf tua'r pump galwodd Mair a minnau a'n hwyres fach Naomi yno'n ddirybudd. Rhaid dringo ato o'r pentre ar hyd ffordd gul sy'n arwain drwy feithder o fryniau moelwyn at Gwm Prysor. Troi'n siarp oddi ar y ffordd gul ac i fyny trwy ddau led cae a heibio'r tŷ newydd, a dyma ni wrth fwlch y clôs. Cododd ci defaid hawddgar yn ddioglyd o'i gyntun i ddangos ei fod yn falch ein gweld, a dyma Naomi'n syrthio mewn cariad ag ef ar yr olwg gyntaf ac eisiau mynd ag ef adre gyda hi. Ar hyn dyma ddau ddyn tawel a siriol yn nesu i estyn croeso, a dweud nad oedd y ci fawr o beth a dweud y gwir. Mwy o reswm byth i Naomi erfyn am ei gael. Dau frawd oedd y ddau ddyn, Gerald ac Elis Williams, neiaint i Hedd Wyn.

Dyma ni felly o flaen cartre'r bardd, y clywswn amdano gyntaf yn y Cwrdd Cystadleuol yn Llanddewi – 'y bardd trwm dan bridd tramor.' O'r fan hon yr aeth i'r gad bedwar ugain mlynedd yn ôl ac i'r fan hon yn yr un flwyddyn y daeth y newydd am ei ladd. Rhaid tewi ennyd a chofio'i gân 'Gwae fi fy myw mewn oes mor ddreng . . .' Ni ofynnodd neb debyg iawn am ganiatâd cynllunio i godi'r tŷ, ond mae'n gweddu'n berffaith i'r llecyn unig – tŷ isel a syml o garreg, tŷ cymen, tŷ o gymeriad, tŷ wedi dal stormydd.

Aeth y ddau frawd â ni i mewn a throisom gyntaf ar y chwith i'r gegin, a chael y teimlad o gamu'n ôl ymhell mewn amser. Prin bod dim wedi newid yn hon ers can mlynedd – yr un llawr, yr un lle tân, yr un hen degil ar y gadwyn, yr un dodrefn, yr un awyrgylch. Pe doi Hedd Wyn yn ôl y funud hon, dim ond yr hen wynebau fyddai wedi mynd. Gerald yw lladmerydd dihafal y gegin a'i thrysorau. Yma y mae'r llyfrau a'r llythyrau a'r lluniau yn eu cynefin, ac egyr hwy inni. Er iddo adrodd y stori gannoedd o weithiau o'r blaen am y teulu ac am y bardd, mae'n ei byw heddiw eto.

Gallem fod wedi aros yma am oriau, ond daeth yn bryd mynd i'r penisa, i'r parlwr. Tiriogaeth Elis yw'r parlwr. Yma y mae'r cadeiriau eisteddfodol gan gynnwys y Gadair Ddu, y gadair y taenwyd cwrlid du drosti yn Eisteddfod Birkenhead pan gyhoeddwyd fod y bardd buddugol wedi'i ladd. 'Cadair unig a drig draw.' Mae'n gadair fawr drom ac o grefftwaith anhygoel o gywrain. Ond mae Elis yn ei elfen yn datgloi holl gyfrinach ei cherfwaith hardd. Ond er ei hardded, ei thristwch sy'n aros yn y cof, 'A gwaedd y bechgyn lond y gwynt.'

Wrth adael y tŷ ni fedrwn lai na chofio ple Cynan dros Gapel Nanhoron, a'i chymhwyso hefyd i'r aelwyd annwyl hon,

'Amser, sy'n dadfeilio popeth,
Yma atal di dy law.'

*　　*　　*　　*

Dau hen dŷ, annhebyg iawn i'w gilydd, Toc H a'r Ysgwrn. Y naill mewn tref a'r llall yng nghanol gwlad; y naill ar y gwastad a'r llall ar fynydd-dir pell; y naill yn dal a gwych a'r llall yn isel a syml; y naill yn siarad amryw ieithoedd a'r llall yn siarad Cymraeg. Ond mae'r ddau fel ei gilydd yn gyrchfannau pererinion, a'r naill fel y llall yn cyhoeddi heddwch. Ac mae dolen gref gydiol rhyngddynt. Aberth yw honno.

TAIR DYLETSWYDD

(Elusengarwch, Gweddi, Ympryd)

Yn y dirgel rhoddwn
Cael ein gweld ni fynnwn,
Na ragrithiwn.

Dirgel y gweddïwn
Cael ein gweld ni fynnwn,
Taw a ddysgwn.

Dirgel yr ymprydiwn,
Cael ein gweld ni fynnwn,
Gwên a wisgwn.

(St. Mathew 6)

DIWEDYDD

Diwedd dydd yw hi. a'r cysgodion yn estyn a'r nos yn nesáu. Nos sy'n cloi pob dydd, a dim tan y nos y gallwn ddechrau dweud sut ddiwrnod y bu. Y diwedydd a biau'r ddedfryd, oherwydd mai'r diwedd sy'n cyflawni pob peth. Wedi cyrraedd y porthladd y gellir sôn am y fordaith. Ar ben talar y mae edrych yn ôl a barnu'r gwys. Pan syrth y llen y mae dweud rhywbeth am y ddrama. Y cynhaeaf sy'n casglu'r gwanwyn a'r haf i'w gôl. Er gwyched y wawr, addewid yw'r bore. Y machlud sy'n hel cyfoeth yr hirddydd a'i ledu 'mhell hyd y gorwel, a llwybro'r aur yn ôl dros y môr ac i fyny i ben y bryniau. Pwy a ddywed mai dibwys yw'r diwedd, a'r dyfarniad yn ei law?

Ar ddiwedd dydd y ceir gorffwys a bwrw blinder. Daw amser ymollwng i gwsg neu i ddyheu'n daer amdano. Treuliwn draean o bob dydd yn cysgu, a thraean oes yn gorffwys. Cwsg sy'n adnewyddu'r byd ac yn ei loywi at ddydd newydd. Mewn cwsg rhown heibio bob gofal a gofid, pob miri a mwyniant, er y gall eu rhith ddychwelyd yn nyfnder nos i aflonyddu neu ddiddanu. Mewn cwsg y llaciwn afael ar bawb a phopeth, dim ond i ddarganfod yn y bore bod y byd wedi mynd ymlaen hebom. Aeth ymlaen a ninnau allan ohono dros dro. Â ymlaen wedi inni ei adael dros byth, oherwydd nid ni sy'n ei gynnal. Mae'r gadael dros dro yn y diwedydd yn ein paratoi at ei adael yn gyfangwbl. Rhagflas o farw yw cwsg.

Yn y cyfnos un tro, cerddai dau gyfaill o ddinas i bentre. Enw'r ddinas oedd Jerwsalem a'r pentre Emaus. Roedd prudd-der yn eu gwedd, ac yn eu calon y fath deimladau dwys na fedr ond galar eu datgelu. Marwolaeth eu 'tywysog ifanc' oedd eu gofid a chladdu eu gobeithion oedd eu loes. Yn ddiarwybod iddynt daeth rhywun arall i gyd-gerdded â hwy, un a oedd yn barod i wrando'n gyntaf, ac wedyn i daflu golau newydd ar eu poen. Dywedasant ar ôl hynny bod eu calonnau ar dân wrth iddo siarad â hwy. Roedd bryd y ddau deithiwr ar gyrraedd llety yn y pentre ac aros yno. Pan ddaethant i'r fan cymerodd y trydydd ei fod am fynd ymhellach. Ond erfyniodd y ddau arno, 'Aros gyda ni, canys y mae'n hwyrhau, a'r dydd wedi cerdded.'

Mae pawb eisiau cwmni pan ddaw'r nos. Aeth i mewn ac aros gyda hwy a chymryd ei le wrth y bwrdd. Ni wyddent eto pwy oedd y cydymaith annisgwyl, ond pan gymerodd y bara a'i fendithio a'i dorri, agorwyd eu llygaid. Roedd eiliad gynhyrfus adnabod wedi dod. Mae eiliadau felly'n digwydd, eiliad syrthio mewn cariad, ennyd argyhoeddiad, fflach gwirionedd, Ac ebe Waldo, 'Gwn gan ddyfod yr eiliad i'm geni i'r awr.' Nid rhyfedd i'r ddau gyfaill godi ar ruthr o'r bwrdd a bwrw'n ôl am y ddinas, i ddweud wrth eraill fod yr un y buont yn galaru o'i golli yn fyw, a sut rhwygwyd y llen rhyngddynt ag ef yn nhoriad y bara.

Torth fach gyffredin a gymerodd y cydymaith yn ei ddwylo. Nid oedd ond bara beunyddiol pobol. Ond o dan y cyffredin roedd rhyfeddod y cread yn cuddio a drama ddiderfyn dyn ar y ddaear, yn ei waith a'i hamdden, ei boen a'i hawddfyd, ei wala a'i angen. Cymerodd y cyfan yn ei ddwylo pan gymerodd y bara. Camgymeriad yw tybio mai ar fwrdd y cysegr yn unig y mae Duw yn y dorth, ac nad yw'r gegin yn breswylfod iddo. Gan hollti'r ysbrydol oddi wrth y byd. Mae bwrdd y cysegr a bord y gegin ynghlwm wrth ei gilydd dros byth. Ar derfyn dydd mae'n dda cofio mai ar fwrdd y gegin y torrodd Iesu'r bara yn Emaus. Gwyn eu byd y rhai a'i hadwaenant yno.

GWEDDI

Duw fo yn fy mhen ac yn fy ymresymiad;
Duw fo yn fy nhrem ac yn f'edrychiad;
Duw fo yn fy ngair ac yn fy siarad;
Duw fo yn fy mron ac yn fy nirnad;
Duw ar ben fy nhaith a'm hymadawiad.

(Cyf. o 'God in My Head' – 15fed ganrif)

HWYL YN LLANHEDYDD

RHAGLUNIAETH

Llanhedwydd yw'r enw'r iawn ar y plwy a'r pentre, ond Llanhedydd yw ar lafar gwlad. Ac mae hynny'n reit addas oherwydd cwyd y tir yn fuan o'r gwaelodion gwastad i'r fawnog a'r mynydd at y grug a'r adar mân. Ardal wasgarog yw hi gyda phentre bach un siop, un dafarn, dau gapel, eglwys, cwt band a lle snwcer.

Prin bod fawr ddim yn digwydd o ddydd i ddydd i gynhyrfu'r dyfroedd, ond roedd hi dipyn yn wahanol ganrif yn ôl. Roedd hi'n rhyfel degwm yn y cyffiniau hyn bryd hynny, y ffermwyr yn gwrthod talu degwm i Reithor y plwy, ac yn bygwth rhoi'i gartre ar dân. Nid am fod yr hen berson llengar yn estron i'r ardal nac yn fugail sâl, ond am ei fod ef a'i braidd wedi'u dal yn rhwydwaith trefn annheg, y dylsid fod wedi'i difodi ers llawer dydd. Tybed a oes tipyn o'r hen chwerwedd rhwng llan a chapel yn aros? Hwyrach wir yn isel i lawr, oherwydd hir yw'r cof am annhegwch.

Saif yr eglwys ar fryncyn tu allan i'r pentre. Hon yw'r eglwys newydd, cant a hanner oed a godwyd ar sail yr hen, a gellir gweld pig ei thŵr o bell. Fe'i lluniwyd i gyd-fynd â'r ffasiwn ar y pryd, a than yn ddiweddar roedd mor unffurf â llu o eglwysi eraill – yr allor ym mhen draw'r gangell gul a'r seddau côr a'r organ, y bedyddfan wrth y drws, rhaff y gloch yn y cefn, a'r glaw yn pistyllio ar dywydd mawr drwy dwll y rhaff ar y seddi pinwydd islaw.

Mae'r Rheithor, y Parchedig Ganon John Obadeia Hughes, yn ddyn dymunol a gweithgar ac mae pobol Llanhedydd, ar ôl ugain mlynedd, yn bur hoff ohono ac o Daisy ei briod. Fedra i ddim dweud bod y Canon yn ddyn o bersonoliaeth gref. Ei fwynder yw ei gryfder. Nid yw'n bregethwr cyrddau mawr, ond nid yw chwaith fel llygoden mewn drôr wrth siarad â ni o Sul i Sul. Mae'n ddyn ffyddlon, ac rwy'n meddwl yn dduwiol. Clywaf y gloch yn canu bob dydd am naw. 'Mae'r hen Obedeia'n cofio amdanon, ni,' meddaf wrthyf fy hun, a chael cysur o hynny.

Gŵyr y Canon o'r gorau sut i drin pobol, ond tan rhyw ddwy flynedd yn ôl methodd yn lan â chael y saint i nesu at ei gilydd yn yr eglwys. Ar wasgar y mynnent fod, yn seddau'r teulu a hyn a'r llall. Roedd mymryn o gôr yn y gangell, Dai fy ngyfaill a minnau ac ychydig o blant ar y naill ochr, a dwy wraig oedd wedi bod yno ers cyn cof ar ochr yr organ. Yng nghorff yr eglwys eisteddai Daisy Obadeia yn y sêt ffrynt. Mae sôn ei bod yn tynnu hances fach goch allan i rybuddio'i phriod fod y bregeth yn mynd yn hir. Da iawn hi. Tu ôl iddi hi mae Warden y bobl a'i wraig gyda ffon hir ar y sedd i nodi ei drigfan. Roedd gagendor mawr o goed wedyn cyn cyrraedd y parsel pobl yn y cefn. Ymhlith y rhain roedd Warden y bobl a ffon i ddangos, a'r clochydd a ganai'r gloch ddeg munud cyn pob gwasanaeth. Yno hefyd yr eisteddai'r ddwy Mrs. Thomas, Tessie a Diana fel y'u cyfenwid. Roedd Mrs. Thomas Tessie yn ddynes andros o drom. Câi dipyn o drafferth mynd i mewn i'r sedd bellaf un, ond wedi cyrraedd eisteddai yno'n ansymudadwy, gan agor ei hymbarel ar ddiwrnod gwlyb yn erbyn y glaw a ddoi drwy dwll y rhaff.

O'i blaen eisteddai Mrs. Thomas Diana, mor fain â honno ond nid cyn ddeled. Gwisgai offeryn clywed mawr yn ei chlust chwith, a hwnnw bob hyn a hyn yn chwibanu dros y lle fel trên bach Devil's Bridge. Dyna nhw felly, ffyddloniaid y llan a phreswylwyr di-symud y seddi cefn. Cwynent byth a hefyd mor anodd oedd clywed Mr. Hughes ond pan roddai ambell floedd, ac anaml oedd hynny. Yn wir buont yn pwyso i gael 'loud speakers' fel sy yn y ddau gapel, er nad oes angen am y rheini chwaith. Awgrymodd Mr. Hughes fwy nag unwaith mai'r cyfan oedd eisiau oedd dod yn nes at y pulpud. Ond doedd dim yn tycio. ''Does dim symud ar y diawled', medde Dai, 'heb gal daeargryn ne rwbeth.' Ychydig a feddyliodd bod rhywbeth tebyg i ddaeargryn gerllaw.

Bore Sul oedd hi ac un digon garw rwy'n cofio. Roedd y mymryn côr yn y gangell fel arfer, a'r Canon newydd ddechrau'i bregeth am Elias yn cuddio yn yr ogof. Roedd Dai yn rhoi ambell bwniad i'r plant o'i flaen i'w cadw'n ddistaw, a'r organyddes yn troi dail fel y gwynt i gael hyd i'r dôn at yr emyn olaf, y ddwy wraig gyferbyn yn dechrau blasu'r 'mint imperials' a thorri gwynt yn ddistaw bach, a chlust chwith Mrs. Thomas Diana'n dechrau chwiban, a Dai'n dweud dan ei wynt bod y trên unarddeg wedi cyrraedd yn gynnar. Erbyn hyn roedd y Canon wedi codi stêm wrth sôn am Elias yn mynd allan o'r ogof a'r gwynt cryf nerthol yn mynd heibio gan rwygo'r mynyddoedd a dryllio'r creigiau; ac yr union eiliad honno, credwch fi neu beidio, daeth sŵn o'r cefn megis rhwyg coeden yn cwympo. Mewn fflach roedd Dai a minnau ar ein traed, a Mrs. Thomas fain yn rhoi sgrech ar sgrech yn y pellter ac yn edrych tuag i lawr. 'Mae Tessie wedi mynd. Mae Tessie wedi mynd,' gwaeddai'n orffwyll. Ac wir roedd hi wedi mynd. Doedd dim golwg ohoni. Meddyliais ei bod wedi cael llewyg ac wedi darfod yn y fan a'r lle, ond nid felna roedd hi. Arswyd y byd, y llawr oedd wedi agor a'i llyncu, a dyna lle'r oedd hi yn y gwyll yn eistedd yn dwt yn llwch y seler, gan edrych yn ddyfal tua'r nef am ymwared. Wel, roedd golwg mor ddigri arni, a bu'n galed ar Dai a fi i gadw wyneb strêt, wrth inni fwstro i'w hachub. Chafodd hi fawr o niwed, diolch byth.

Nid dyma'r lle i fanylu sut codwyd Tessie o'r diwedd, ac y cysurwyd Diana, a sut chwarddodd y plant yn afreolus, a sut baglodd Obedeia yn ei gasog ddu a'i wisg wen. Cafodd pawb rywbeth mwy blasus nag arfer i'w gonio i ginio'r Sul hwnnw.

Pan aethpwyd ati i archwilio'r coed dan y llawr, canfuwyd bod y cwbwl wedi pydru. Byddai'n rhaid tynnu'r seddi a rhoi llawr newydd sbon. Yn ffodus daliodd y Canon ar y cyfle i ddod â'r saint yn nes at ei gilydd. Diddymwyd seddau'r côr a rhoi'r allor i sefyll yng nghanol y gangell yn rhydd o bob anialwch. Yn y cefn crewyd lle gwag ar gyfer y plant, ac ar gyfer dangos llyfrau a gwneud paned, a gosodwyd carped glas tew i guddio'r cyfan â moeth.

Cawsom wasanaeth rhagorol a chanu da i ail-agor yr eglwys – pob sedd yn llawn a'r esgob yn pregethu ac yn ein llongyfarch am newid pethau a chreu lle yn yr eglwys i anadlu a symud. Fe'm trawodd ar y pryd a Dai hefyd mor addas oedd geiriau'r salm, 'Cyfododd fi hefyd o'r pydew erchyll,' a rhoisom wên awgrymog ar Tessie. Mae wedi mynnu mynd i'r sêt olaf eto, ond mae honno'n awr wrth gwrs hanner ffordd at y pulpud. Ac o'i blaen fel cynt mae Mrs. Thomas fain, a'r teclyn yn ei chlust yn dal i ddweud bod y trên yn y stesion.

Wrth fynd adre, roedd Dai a finne'n siarad am y newid yn yr eglwys, ac yn brolio mor dda roedd pethe wedi mynd. 'Edrych di ma', ebe Dai, 'fyse dim wedi digwydd o gwbwl oni bai bod y glaw trwy dwll y rhaff wedi pydru'r coed a bod Tessie'n well-built. Ond dyna fe, dyna shwd ma rhaglunieth yn gweitho ti'n gweld – trwy ddirgel ffyrdd.' Ac i ffwrdd ag ef gan ganu 'Rhagluniaeth fawr y nef . . .' Un doniol yw Dai.

FFRWYDRIAD

Gan fod gan Dai fy ngyfaill ran mor bwysig yn yr hanes sydd gennyf yn awr, mae'n rhaid imi ddweud rhywbeth mwy amdano. Mae'n gawr o ddyn, ac ni chollodd acen Ceredigion er symud oddi yno ers blynyddoedd. Mae ganddo lais fel taran, y math o lais sy'n sicrhau y bydd pawb yn iawn yn y gwasanaeth yn Llanhedydd, os bydd ef yn iawn. Ond os bydd Dai wedi colli arni, fe dyn bawb ar gyfeiliorn.

Yn anffodus, er ei fod yn y côr, 'does ganddo fawr o glust at fiwsig, ac felly ym mha gyweirnod bynnag y bydd y dôn, rhaid ychwanegu Fflat cyn belled ag y mae ef yn y cwestiwn. C Fflat Major yw cyweirnod naturiol Dai. Ac am ei fod dipyn bach yn drwm ei glyw hefyd, gall pethau doniol ddigwydd yn Llanhedydd. Un bore Sul ar ôl y llith gyntaf dechreuodd pawb ganu'r ganticl Te Deum, Ti Dduw a folwn. Ond am ryw reswm dechreuodd Dai forio Cân Mair, sydd i'w chanu ar ôl y llith gyntaf yn yr hwyr, 'Fy enaid a fawrha'r Arglwydd'. Ar ôl adnod neu ddwy o ryfel cartrefol dyma'r organyddes yn rhoi ffidil yn to, a siarad yn fetafforaidd, ac aeth pawb gyda Dai i alw Mair yn wynfydedig. Ond chwarae teg iddo, mae'n eglwyswr i'r carn ac yn Gymro pybyr-cyfuniad a gyfrifir gan lawer o Gymry'n amhosib, ar waethaf Edmwnd Prys a William Morgan. Fydd Dai byth yn mynd i wasanaeth Saesneg. Wrth gwrs mae gyda ni wasanaeth Saesneg yn Llanhedydd o bryd i'w gilydd ar gyfer pobol tai haf, ond ei unig ddiddordeb yn y rheini yw gofyn weithiau, 'Faint o wenolied oedd na'r bore 'ma?' Nid bod ganddo ddim yn erbyn Saeson fel y cyfryw, ond bod yn well ganddo adar y to na wenoliaid.

Roedd Dai a minnau wedi bod yn sôn ers peth amser am fynd i wasanaeth i'r Eglwys Gadeiriol, a rhyw nos Iau dyma fynd i'r Gosber Corawl. Fe gyrhaeddon yn gynnar a chawsom ein harwain i fyny i'r gangell a'n gosod yn seddau'r Canoniaid. Roeddwn i yn sedd Quartus a Dai yn sedd Quintus. ''Na beth braf yw bod yn Ganon,' medde Dai gan bwyso'n ôl yn urddasol a chylch y sedd yn cau am ei ysgwyddau llydan, 'ond pwy yw'r Quintus 'ma?' A dyma finnau'n cael cyfle i ddangos fy nhalent ac esbonio bod yna ddeuddeg Canon ac mai

Quartus oedd y pedwerydd a Quintus y pumed. 'Fyswn i ddim yn mindio cal quartus o rywbeth nawr,' ebe Dai dan ei wynt, ac wedyn "Gobeithio bod tipyn o bowdwr yn y canons ma weda i. Beth dda yw canon heb bowdwr?' Euthum ati i esbonio iddo'n awr mai gwasanaeth Saesneg a fyddai. 'Pam?' Dywedais innau mai felly y bu erioed. 'Erioed? Be ti'n feddwl?' Ceisiais innau esbonio mai dyna oedd traddodiad yr eglwysi cadeiriol. 'Ma'n bryd i newid,' mynte Dai, ac aeth ymlaen, 'alla i ddim addoli'n Saesneg 'run peth ag yn Gymrag, ac yng Nghymru ma'r eglwys 'ma wedi'r cyfan.' Rwy'n siŵr fod gan Dai bwynt. Nid mater o wybod geiriau yw siarad iaith. Mae ynddi ddyfnder sy'n galw ar ddyfnder.

Ar hyn dyma'r organydd yn dod i mewn a dechrau llenwi'r gadeirlan wag â'r sŵn hyfrytaf. Ymhen munud roedd y côr ar ei ffordd i mewn. Côr mawr hefyd, chwarae teg, a thri neu bedwar o bersoniaid. 'Be ma rhain yn mynd i neud i gyd?' ebe Dai'n uwch nag a ddylai, â'r pencantor reit yn ein hymyl. Dechreuodd y gwasanaeth yn ddiseremoni heb neb yn cyhoeddi dim byd, a Dai a finnau'n dilyn yn ein llyfrau. Mae'n anodd i bobl gyffredin ymuno yn y canu mewn eglwys gadeiriol, ond roedd arwyddion pendant bod Dai am ei threio hi cyn bo hir. Fe roes floedd neu ddwy yn y salm ond i ddim diben, ac aeth popeth yn llyfn nes cyrraedd diwedd y llith gyntaf. Fel y cyfeiriais eisoes mae Dai'n gamster ar Gân Mair, a rhaid ei fod wedi anghofio am y gwasanaeth Saesneg a meddwl ei fod yn Llanhedydd ar nos Sul yn ymsythu ar gyfer canu'r siant, y byddwn bob amser yn ei chanu ar y Mag. Oherwydd y foment y dechreuodd bechgyn bach y côr ganu 'My soul' yn yr entrychion dyma Dai'n taro 'Fy enaid a fawrha' yn C Fflat Major. Byddai'n dda gennyf petai sedd Quartus wedi'm llyncu yn y fan a'r lle, oherwydd gwyddwn o'r gorau bod gornest wedi dechrau a phwy a'i henillai. Gan synhwyro bod rhywbeth mawr o'i le, dyma'r organydd, a oedd wedi bod yn anweledig hyd yn hyn, yn chwipio'r cyrten yn ôl i gael golwg ar y côr, gan wneud dwbwl fforte ar yr organ ar yr un pryd, nes bo'r lle'n crynu a'r pencantor yn dal ei glustiau mewn dychryn. Ond dwbwl fforte neu beidio, pan ddaeth y côr at 'He has put down the mighty from their seats,' dyma'r organydd yn rhoi'r gorau iddi, a neidio oddi ar ei sedd a'i lygaid ar dân, i gael gair gyda'r Deon. Roedd hwnnw wedi bod yn gwylio'r cyfan yn ddigynnwrf dros ei sbectol, a chyda arlliw o wên foddhaus rwyf bron yn siŵr. Wedi'r cyfan nid yn aml y ceid y fath gyffro doniol i dorri ar awyrgylch syber y lle. Erbyn hyn roedd Dai wedi cyrraedd y Gloria ac fe'i gorffennodd yn fuddugoliaethus. A dyma'r Deon yn cyhoeddi wedyn y byddai'n well inni, oherwydd amgylchiadau anorfod, i ddweud gweddill y gwasanaeth yn Gymraeg, ac felly y bu. A hyd y gwelwn i 'doedd neb yn cael anhawster gyda'r geiriau Cymraeg o gwbwl. Diflannodd Dai a minnau i'r gwyll heb dorri gair â neb, ond ar y ffordd adre roedd fy ngyfaill ar ei uchelfannau. 'Aros di ifi gal gweud y stori wrth yr hen John Obadeia,' meddai gan rowlio chwerthin. 'Roedd digon o bowdwr yn Canon Quintus heno i hwthu'r hen le na lan.'

Nid wy'n siŵr erbyn hyn ai camgymeriad dyn hanner byddar oedd perfformans Dai'r noson honno, ai protest o fath newydd dros yr heniaith. Ond dyma beth rhyfedd, ymhen hir a hwyr darllenais yn y papur bod y Deon a'r Cabidwl wedi penderfynu ar ôl hir feddwl, y byddai'r gwasanaethau corawl yn yr Eglwys Gadeiriol o hyn ymlaen yn Gymraeg a Saesneg ar yn ail, a bod y ddwy iaith i fod yn gyfartal. Pan dorrais y newydd i Dai, roedd ar ben ei ddigon. 'Ond beth ddiawl yw'r Cabi-dwl ma?' Esboniais innau mai'r Deon a'r deuddeg Canon gyda'i gilydd oedd y Cabidwl 'Wel 'dyn nhw ddim yn ddwl i gyd, diolch i'r drefen,' ebe Dai.

PWYLLGORA

'Ma'r pwllgore 'ma yn yr eglws wedi mynd yn bla,' ebe Dai wrthyf ar
ôl y gwasanaeth un bore Sul. Synnais braidd ei glywed yn mynd
ymlaen felly, oherwydd bu yntau'n bwyllgorddyn pybyr tan yn
ddiweddar, fel aelod o'r Cyngor Cymuned a phwyllgor y band a
gwahanol bwyllgorau'r eglwys. Hwyrach mai'r ffaith ei fod yn mynd
yn drwm ei glyw sy wedi'i ddiflasu, ond synnwn i ddim mai codiad yn
y Quota – hynny yw y swm sy raid i bob plwy dalu i Gaerdydd – a'i
chwerwodd. Nid yw'r cyfaill yn ei chael hi'n hawdd i fynd yn
ddyfnach i'w boced. Beth bynnag roedd yn llawdrwm iawn y bore
hwnnw ar holl fusnes pwyllgora mewn byd a betws. 'Wyt ti wedi
sylwi,' meddai wedyn, 'mai'r un rhai sy ar y pwyllgore 'ma i gyd –
arian, cenhadu, tai, fath yn y byd prun nei di enwi, ma nhw yno fel
piffgwn mewn jam. A galli fentro mai'r un rhai sy'n spowto bob tro,
ac rwy'n fodlon rhoi bet pwy fydd y cynta i neud 'ychydig sylwadau'
sy'n para hanner awr. Ma'r lleill wedyn yn ddistaw fel delwe, ac oni
bai i bod nhw'n codi dwylo weithie, gallet dyngu i bod nhw wedi
marw.'

Doeddwn innau ddim heb sylwi chwaith ar y pethau hyn, ac
awgrymais i Dai fod mynd i bwyllgor yn debyg iawn i fynd am dro i
lan môr, a phlygu ar y draethell i daflu cerrig bach fflat am y pellaf dros
y don. Po ysgafnaf y garreg hiraf y neidia ar yr wyneb. 'Da iawn',
meddai 'nhgyfaill wedi blesio'n fawr a bwrw ymlaen. 'Rwy'n meddwl
y dyle rhywbeth fod yn y Litani ynglŷn â'r pwyllgora 'ma. Rhag
gormod o bwyllgora a deniadau'r ddesg, gwastraffu amser a phapur, a
rhedeg ar ôl sgwarnogod, Gwared ni Arglwydd daionus.' Troes at
agwedd ariannol yr holl gyfarfodydd, pobol yn rhuthro yma a thraw
mewn ceir mawr drud, pob ffôn a ffacs, pob pryd o fwyd. Pa ryfedd
bod y Gota'n codi? Ie, rown i'n meddwl rhywsut mai'r quota oedd yn
gwasgu.

Gadawsom y testun dros dro, a mynd adre am ginio. Ond wedi
meddwl tipyn am y sgwrs, cefais y syniad y byddai'n beth da iawn i'r
Eglwys gael blwyddyn heb bwyllgora o gwbwl. Cofiais y

cyfarwyddyd yn y Beibl ynglŷn â rhoi llonydd i'r tir bob saith mlynedd, iddo gael ei gefn ato. A phan welais Dai gyda'r nos dyma fi'n sôn am y peth.'Ardderchog fachgen,' ebe yntau, 'syniad first class.' Blwyddyn o hoe i'r esgob a'r ffeirad, a blwyddyn i bawb aros adre i feddwl be sy'n digwydd o dan i drad.'

Roedd fy nghyfaill mewn hwyliau byrlymus erbyn hyn ac wedi llwyr anghofio'r Gota. Ond safodd yn sydyn ac edrych arnaf yn ddifrifol, 'Be fyse'n digwydd wedyn i'r bobol ma sy wedi arfer mynd i bwyllgor bron bob dydd? Meddylia di nawr am yr esgob a'r archddiaconied a chant a mil o rai erill. Fe fyse rheini fel dyn sy jest â marw am sigaret neu beint o gwrw. Bydden rhaid cael rhywun i'w cownsela rhag iddyn nhw fynd off i pen.' Mae'n rhaid imi gyfaddef nad oedd y wedd yna ar bethau wedi croesi fy meddwl. Dyna broblem newydd sbon, sut i lenwi blwyddyn o wagter. Ond roedd Dai wedi'i gweld hi'n barod. Beth am gael croesair yn Y Llan a gwobr o wyliau ym Monaco i'r enillydd? Dyna un o'i syniadau. A dyma'i lygaid yn goleuo eto, 'Beth am y gyfres o lyfre bach handi ar drin yr ardd a physgota a cherdded a charafano, a gêm o golff gyda'r esgob?' Atebais innau y dylai'r saint fod ar eu hennill mewn rhyw ffordd o flwyddyn y braenar. 'Wel beth am y slogan Yn Ôl?' ebe Dai –' Nôl i'r Stydi, nôl at Ymweld, nôl at Bregethu, nôl at Addoli, Nôl at hwyl ar y canu, nôl at Sgrifennu, nôl i'r Ardal.' Roedd Dai wedi codi'i lais erbyn hyn a mynd i hwyl fel pregethwr sasiwn, ond pan fedrais atal y lli gofynnais pam roedd yn rhoi cymaint o bwyslais ar fynd 'nôl o hyd? Cofiwch wraig Lot. Na, ebe Dai o ddifri, mae gwahaniaeth rhwng mynd nôl at ddrygioni a mynd nôl at y pethe. 'Gei di weld, fe eith yr eglws mlân pan fydd hi'n siŵr i be mae'n dda; a fe ddaw i ben â phob newid pan fydd hi'n siŵr o'r pethe sy ddim yn newid'.

Chwarae teg i Dai. Wyddwn i ddim bod ganddo'r meddwl i athronyddu fel hyn, ac roeddwn i wedi rhyfeddu braidd. Mae'n syndod sut mae rhywun yn dal i ddarganfod rhywbeth newydd mewn pobol o hyd. Dyna sy'n cadw bywyd rhag undonedd. Ond cyn imi ddweud dim mwy, roedd Dai wedi codi coler ei got a'i bwrw hi am adre. 'Hwyl i ti,' meddai wrth fynd, 'a chofia sgrifennu at yr esgob heno – blwyddyn heb bwyllgora! Fe geith gythrel o shoc.'

CYFLEUSTERAU

Buom yn trin pwnc go annisgwyl y noson o'r blaen yn y sanhedrin. Cyhoeddodd y Canon bore Sul y byddai cyfarfod arbennig y nos Iau ganlynol, ond heb nodi beth a fyddai dan sylw. Felly daeth pawb at ei gilydd gyda meddwl hollol agored. Wedi cael y weddi agoriadol a'r ymddiheuriadau a phethau felly, anwybyddwyd cofnodion y cyfarfod diwethaf gan fod hwn yn gyfarfod arbennig. Cododd Obadeia ar ei draed, ac wedi pesychiad bach neu ddau yn ôl ei arfer, esboniodd ei fod wedi'n galw at ein gilydd y noson honno i ystyried y priodoldeb o roi cyfleusterau yn yr eglwys. Teimlai'n gryf ei bod yn hen bryd i ni symud yn y mater er mwyn y plant yn enwedig, ac er mwyn y bobl ddiarth a ddoi i'r llan ar adeg bedydd, priodas, ac angladd. 'Y four wheelers,' ebe Dai dan ei wynt ond ni chymrodd y Canon sylw. Daethai yntau hefyd i oed pan oedd angen gollyngdod corfforol arno'n amlach na chynt. Teimlai'n reit annifyr bod rhaid gwneud y gorau ohoni tu ôl i'r llwyn celyn ar bwys y cwt glo, a'i bod yn reit anodd gwneud hynny yn nannedd y gwynt a'i ddillad yntau mor hir. A doedd dim sicrwydd nad oedd rhywun yn sbecian arno o gefn rhyw glawdd neu'i gilydd.

Wedi meddwl, roeddwn wedi sylwi bod y Canon yn diflannu i rywle o bryd i'w gilydd ar ganol gwasanaeth, ac yn enwedig felly ar dywydd oer. Chwarae teg, gofalai fynd allan ar ddechrau cantigl go hir fel y Te Deum neu emyn pedwar pennill, a dychwelyd yn dwt i'w le cyn inni gyrraedd y diwedd. Amseru yw popeth mewn sefyllfa o'r fath. Gwn am organydd o fri a arferai fynd allan am beint yn ystod y bregeth, ac roedd yn iawn nes digwyddodd y bregeth fod bum munud yn fyrrach nag arfer. Aeth yn draed moch wedyn. 'Dw i ddim yn meddwl bod llawer yn cymryd sylw o symudiadau Obadeia a phan soniais wrth fy nghyfaill Dai am y peth, mae'n amlwg nad oedd wedi'i golli o gwbwl. Ei ddamcaniaeth ef oedd ei fod yn mynd allan i gael whiff sydyn i dawelu'i nerfau cyn y bregeth, neu i weld bod yr ieir yn cael llonydd gan y corgi. Ond dyma ni'n awr wedi cael esboniad cywir o'r sefyllfa, ac roedd yn amlwg bod y Rheithor wedi ennill cydymdeimlad y cyfarfod wrth fod mor agored a gonest.

81

Ond nid oedd pawb yn unfarn. Methai Arthur y Fron â deall pam bod eisiau'r fath beth. Ffarmwr gwritgoch garw yw Arthur a dywedodd yn blwmp ac yn blaen bod rhyw Sais wedi ymweld â'r Fron un tro a gofyn ble'r oedd y tŷ bach, a'i fod wedi rhoi iddo'r un ateb ag a roisai'i dad mewn sefyllfa debyg lawer blwyddyn ynghynt, sef 'The whole field'. Roedd y sanhedrin yn siglo erbyn hyn, ond aeth Arthur ymlaen i ddweud yn reit ddifrifol bod yr eglwys wedi bod yno ers bron i bedwar can mlynedd heb deimlo angen am gyfleusterau o gwbwl. Wedi'r cyfan roedd gennym draddodiad i'w gadw. Pam codi'r peth yn awr?

Roedd Dai o'r farn bod mwy i draddodiad yr eglwys na mynd heb doiledau, a chyfeiriodd yn garedig at y capeli, a sut roedden nhw nid yn unig wedi bod yn driw i'r iaith Gymraeg ond wedi darparu cyfleusterau hefyd ar gyfer y saint. Ond roedd ganddo gwestiwn allweddol i'w ofyn cyn mynd ymlaen, A oedd dyfodol i eglwys Llanhedydd? A'r bobl ifanc wedi cilio'n llwyr bron, pwy fyddai yno mewn deg mlynedd i gadw'r drws ar agor? Beth dda fyddai dweud wrth yr esgob fod gyda ni doiled bendigedig a neb yn mynd i'r eglwys? Bu distawrwydd am sbel nes i Bet Tynffridd ddechrau curo dwylo a dweud bod Dai wedi taro ar bwnc pwysig iawn – tyngedfennol yn wir. Pam bod yr ieuenctid yn cadw draw? Bu tipyn o siarad wedyn, rhai'n dilorni'r bobl ifanc yn chwyrn, a rhai'n codi'u llawes; rhai'n mynnu bod y gwasanaethau'n rhy sych a'r iaith yn rhy anodd, tra mynnai'r lleill mai'r canu rhy hen-ffasiwn oedd ar fai. Pawb a'i farn, ond neb yn sôn beth mae'r ifanc yn ei gredu. Pan soniwyd am y canu aeth wyneb Myfanwy'r organyddes yn goch i gyd, a gallsai pethau fod wedi mynd yn boeth oni bai i Obedeia dorri i mewn a dweud yn siriol ei fod ef yn ffyddiog y byddai eglwys yn Llanhedydd am amser maith i ddod. Wedi'r cyfan, nid dyma'r tro cyntaf i drai ar grefydd ddigwydd, a bod llanw cyn sicred o ddilyn trai ag yw dydd y nos. A'r môr allan, amser cyweirio'r rhwydi oedd hi'n awr.

Wedi clywed y Canon, cododd calon y sanhedrin yn syth ac ar gefn hynny, aeth y cadeirydd ymlaen i ddadlau y byddai rhoi cyfleusterau yn y llan ar adeg mor anodd yn arwydd diamwys o'n hyder am y dyfodol. Codwyd rhai cwestiynau eraill ynglŷn â lle i osod y cyfleusterau newydd a'r gôst a phethau felly, a dywedodd Obadeia y byddai'n gweld at y pethau hyn i gyd. Gresynai un y byddai'r toiled yn chwyddo'r llygredd yn y bae, ond sicrhawyd hi mai ychydig iawn o wahaniaeth a wnâi un toiled am awr neu ddwy bob wythnos, Awgrymodd un arall mai da o beth a fyddai cael pan â sedd hen ffasiwn i gyd-weddu ag oed yr adeilad. Un flodeuog efallai. Mynnodd un arall y dylid cael lle i ferched a dynion ar wahân. Gadwyd i'r sylwadau hyn fynd i'r gwynt, fel y gwneir yn aml ar ddiwedd cyfarfod. Ond cyn mynd cytunwyd yn unfryd ein bod yn cefnogi cynnig y Canon a'n bod yn gadael y cyfan yn ei law. Anghofiodd pawb am y peth wedyn, a rhoi llonydd i Obadeia droi'r dŵr i'r felin, neu i'r toiled yn hytrach. Felly mae wedi bod yn Llanhedydd erioed, Gadewch e i'r Canon. Dwn i ddim beth sy'n mynd i ddigwydd pan ddaw amser y Canon i ben. Bydd rhaid inni afael ynddi'n hunain wedyn synnwn i ddim.

Aeth rhai misoedd heibio a dim newydd. Ond rhyw fore Sul aeth y si ar led bod y cyfleusterau wedi'u gosod yn festri'r ffeirad, allan o olwg pawb. Ni soniwyd dim am y pris – mae Obadeia chwarae teg iddo'n wych am gael pres allan o wragedd cefnog, a'r tebygrwydd oedd ei fod wedi cyflawni'r wyrth unwaith yn rhagor. Mae wedi casglu miloedd i'r eglwys yn ei ddydd.

Dechreuodd y gwasanaeth ar ben deg, a thro'r Foreol Weddi oedd hi. Cyn dechrau'r Te Deum daeth Obadeia 'mlaen i ddweud gair bach wrth y gynulleidfa. Byddai pawb yn falch i glywed bod y cyfleusterau wedi cyrraedd o'r diwedd, ar ôl pedwar can mlynedd yn wir, a bod un o garedigion yr eglwys, a ddymunai fod yn anhysbys, wedi dwyn y gost i gyd. Daeth heulwen dros y saint o glywed hyn. Nid oedd am amlhau geiriau ond dweud yn syml ei fod am lynu wrth yr egwyddor mai'r ffordd orau i ddiolch am rodd yw gwneud defnydd ohoni. Ar hyn dyma fe'n troi ar ei sawdl a cherdded yn urddasol at y festri, tra codai Myfanwy stêm ar yr organ at, Ti Dduw a folwn, ti a gydnabyddwn yn Arglwydd. Rhwng twrw'r organ a'r canu doedd dim modd clywed unrhyw sŵn diarth o'r festri, ond fel y tynnem at ddiwedd y Te Deum, Arglwydd cadw dy bobl; a bendithia dy etifeddiaeth, dyma'r Canon yn dod 'nôl i'w le gan wenu'n hawddgar. Troes at y dwyrain i arwain y Credo, a chreda i ddim llai nad oedd tinc esmwyth yn ei lais pan ddywedodd, Credaf . . .

CHARLIE

Pan gyhoeddodd Obadeia bod rhaid cael cyfarfod i drafod y trefniadau at Sul y Blodau a'r posibilrwydd o gael mul i ymuno yn y gweithrediadau, roeddwn i'n falch dros ben. Oherwydd mae gen i ryw hoffter anghyffredin o asyn. Yn wir bu'n uchelgais gennyf ers tro byd i fod yn berchennog ar un. Ond myn y wraig y byddai'n brefu dros bob man a tharfu ar y cymdogion. Felly does dim amdani ond mynd lawr i weld Charlie yn y Rose and Crown, a'i dolach a'i ganmol a dweud bod ganddo glustiau pert, a thynnu fy llaw yn ysgafn dros y groes ar ei gefn. Weithiau cwyd ei glustiau i fyny'n galonnog ond bryd arall mae'i ben yn isel fel petai'n mynd dros droeon yr yrfa a'r rheini'n rhai trist iawn i'r cof.

Pan oeddwn yn grwt, bûm yn adrodd tipyn am asynnod, gan ddechrau gydag Esther yr Wyau. Roedd ganddi ieir ac asyn, ond bob nos roedd lladron yn dwyn yr ieir a'r ceiliogod. Un noson rhoes yr ieir yn nhŷ'r asyn a chwarddodd yn iach wrth feddwl beth allai ddigwydd. Ac yn wir pan ddaeth y lladron i chwilio am yr ieir ganol nos, dyma gic mul iddyn nhw, nes eu llorio'n fflat. Roedd yn adroddiad dramatig dros ben. Graddiais wedyn o dipyn i beth i adrodd Yr Ebol Asyn gan I. D. Hooson, a chan ddilyn yr un trywydd deuthum at gyfieithiad W. J. Gruffydd o *The Donkey* gan G. K. Chesterton, pryd roedd rhaid imi ddweud er mawr ddifyrrwch i'm cyfoedion,

> Yn anad holl fwystfilod byd,
> Myfi gadd lun y diawl.

Rhyw bethau felna oedd yn mynd trwy 'meddwl noson y cyfarfod. Wedi inni ddod at ein gilydd a mynd drwy'r pethau cychwynnol, esboniodd y Canon mai'r mater dan sylw oedd trefnu gorymdaith Sul y Blodau o ganol y pentre hyd at yr eglwys, a'r awgrym ein bod yn cael Charlie o'r Rose and Crown i'w harwain. Syniad Mrs. Obadeia mae'n debyg oedd yn y bôn, ond ta waeth am hynny. Rown i wrth fy modd, a dywedais hynny ar unwaith. Ond mynnodd y Canon ein hatgofio pam roedd asyn mor allweddol i Sul y Blodau, a bod Iesu wrth fynd ar ei gefn yn cyhoeddi heddwch i'r byd a phethau felly. A bod chwifio canghennau palmwydd a thaenu dillad hyd lawr yn arwydd o groeso i rywun mawr. 'Mae asyn Sul y Blodau yn siarad â ni heddiw', meddai. 'Yn union fel asen Balaam', ebe Huw Tŷ Coch gan dorri ar ei draws. Hen ddyn bach digon annifyr yw Huw, ac yn meddwl ei fod yn awdurdod ar y Beibl, ac yn credu popeth yn llythrennol. 'Ie, mewn ffordd o siarad,' ebe Obadeia. 'Dim mewn ffordd o gwbwl,' mynte Huw. 'Mae'n dweud yn y Beibl ei bod wedi siarad fel siaradodd y sarff yng Ngardd Eden.' Be fedrai'r Canon ei wneud ond gadael iddo fwrw'i fol?

Yna dechreuodd Myfanwy Jenkins fynd ar gefn ei cheffyl. Doedd ganddi ddim byd yn erbyn Charlie, ond roedd hi'n erbyn gwneud i asynnod glan môr gerdded 'nôl ac ymlaen drwy'r dydd ar y tywod er mwyn difyrru pobol. Hen ferch dal digon smart yw Myfanwy gyda gwallt bythol ddu a thrwyn go hir. Hi yw'r organyddes wrth gwrs. Mae'n eithriadol o gryf ar destun creulondeb i anifeiliaid. Yn ôl y sôn mae ganddi naw o gathod a phedwar o gŵn yn rhedeg ei thŷ. 'Rydw i'n erbyn mynd â phlant i sŵ na syrcas hefyd,' gan edrych yn syth at Mrs. Obadeia, 'ac rwy'n ded yn erbyn ieir batri a gwerthu lloi bach i Ewrob.' Hyn gan edrych reit drwy Wil Tŷ Mawr sy'n euog o'r ddeubeth ers blynyddoedd. 'Awn i ddim ar ôl y pethau yna'n awr, ond diolch ichi Miss Jenkins am eu codi,' ebai Obadeia, mor ddigynnwrf ag alarch ar lyn.

Jinnie May, yr un sy'n glanhau'r eglwys, a ddaeth a ni'n ôl at y testun, pan ofynnodd a fyddai Charlie 'n cael dod i mewn i'r eglwys neu beidio. 'Beth am y carped glas newydd?' ebe Mrs. Thomas fawr. A dechreuodd un ac arall arswydo. Roedd Dai wedi bod yn anarferol o ddistaw hyd yn hyn, ond dadebrodd yn awr. 'Wel fe fyse'n well inni gal bwced a rhaw wrth law rhag ofan. A falle cawn ni darten rhiwbob go neis nes ymlân gyda Jinnie,' meddai'n llawn direidi. Chwarddodd pawb yn galonnog, gan gynnwys Jinnie May. Does dim byd gwell na hiwmor mewn cyfarfod i leddfu pob rhyw densiwn. Aeth popeth ymlaen yn hwyliog wedyn. Penderfynwyd yn unfarn ein bod yn cael yr orymdaith, ein bod yn gofyn i fand y pentre i arwain y gad, gyda Alun a Naomi, dau o blant yr Ysgol Sul yn arwain Charlie yn union ar ôl y band, a mynd ag ef i mewn yn anrhydeddus i'r eglwys, carped neu beidio.

Perthyn hyfrydwch atgofus i Sul y Blodau, yn enwedig ar fore cynnes o wanwyn, gyda llymdra'r fynwent wedi troi'n ardd, a'r cloddiau'n llon gan friallu. A dyna sut fore roedd hi pan ddaeth pobol

Llanhedydd at ei gilydd ar sgwâr fach y pentre yn eu dillad gorau, rhai'n chwifio dail palmwydd a changhennau helyg a rhai mwy syber yn dal tusw bach o flodau. Roedd Obadeia yno'n ei wenwisg yn wên i gyd, a Mrs. Obadeia mewn het las ogoneddus, a'r plant yn gwasgu at ei gilydd yn gynhyrfus, gyda'u llygaid wedi'u hoelio ar y Rose and Crown. O'r diwedd dyma Naomi ac Alun yn dod i'r golwg gan hanner tynnu a hanner arwain Charlie, a hwnnw'n rhubanau i gyd fel petai wedi ennill yn y Royal Welsh. Ar hyn trawyd y drwm ddwywaith neu dair a dechreuodd y band symud, gan atseinio Winchester New i'r emyn 'Ymlaen, ymlaen marchoga'n awr'. Dai a minnau'n canu hochor hi gyda'r bobol, a darganfod mewn eiliad ein bod sawl curiad yn barod ar ôl y band, yn union fel mae nhw yn y Stadiwm Genedlaethol adeg gêm rygbi. Roedd clustiau Charlie'n oleddu 'mlaen yn hyfryd ac yntau wrth ei fodd ynghanol y plant, a rheini'n gweiddi Bendigedig a Hosanna a chwifio scarffiau fel petaen nhw ar gae Lerpwl.

Yn sydyn, a ninnau gyferbyn â'r Rose and Crown safodd Charlie'n stond. Glynodd ei glustiau wrth ei war, a dechreuodd dynnu ar ei ben ôl. Aeth y plant ati i helpu Alun a Naomi ei dynnu 'mlaen, a rhoes eraill sgŵd iddo o'r tu ôl, ond ateb Charlie oedd rhoi bref fwyaf annaearol a gwrthod symud minwedd. Aeth rhywun draw i'r dafarn i ddweud wrth berchennog Charlie sut roedd pethau, a daeth hwnnw allan cyn bo hir gyda bwced enamel gwyn a rhywbeth i Charlie yn ei waelod. Yfodd Charlie'n awchlym. Wedyn y deallwyd ei bod yn amser te bach ar Charlie, a'i fod wedi arfer cael rhywbeth mwy na the yng ngwaelod y bwced, bob dydd tua hanner awr wedi deg. Wel sut oedd disgwyl i Obadeia a'r sanhedrin wybod bod ei wreiddiau yn nhueddau Connemara a'i fod mor ffond o'i Guiness? Wedi torri'i syched, ail-gydiodd Charlie ynddi a tharanu i fyny'r rhiw at y llan fel ebol blwydd. Yn yr eglwys roedd fel sant, yn dal ei ben i fyny yn yr emynau a'i ostwng yn barchus yn y gweddïau. Bob tro y codai ei gynffon roedd Jennie May'n rhoi llam ymlaen yn barod am y gwaethaf. Ond ddigwyddodd dim byd. Chafodd y rhiwbob ddim achles. Parch debyg iawn.

A dyna sut y bu yn Llanhedydd ar Sul y Blodau, a sut y cyhoeddodd Charlie o'r Rose and Crown heddwch i'r byd. Wrth inni fynd tua thre yn hapus ein byd, dyma Dai'n troi ataf a gofyn, 'Pam gythrel na newn ni beth fel hyn yn amlach, a dangos in bod ni'n enjoio'n crefydd?' Yn hollol.

RHOD Y FFYDD

DISGWYL

Gwenallt a ddywedodd y byddai'n dyddiaduron a'n calendrau ni heb y Crist a'i Apostolion yn foel, a bod yr Efengyl yn hongian wrth hoel. Blwyddyn yr Eglwys oedd ganddo dan sylw, sy'n gweithio tu mewn i flwyddyn y byd fel berem o fewn blawd. Dechreua'r eplesu fis o flaen y Nadolig, gyda chyfnod o ddisgwyl am adfent neu ddyfodiad Iesu. Yr Adfent yw'r enw ar y tymor hwn o ddisgwyl a pharatoi.

Clywais lawer yn dweud yn ddiweddar, a theimlaf felly fy hun, bod y Nadolig wedi mynd yn rhy feichus. Mae'n rhy hir am ein bod yn dechrau arno'n rhy gynnar. Cyn diwedd Awst bydd cardiau Nadolig ar werth a theganau'n tynnu'r llygad. Erbyn canol Tachwedd bydd y Santa holl-bresennol wedi cyrraedd, a rhuthr y siopa wedi dechrau. Sylwaf bod pobl yn edrych yn flinedig ymhell cyn yr ŵyl, a theimlaf finnau fy mod wedi cael digon ymhell cyn pryd. Mae fel petawn wedi cael fy ngwahodd i swper ac wedi cymryd llond bol cyn mynd. Nid y sypyn bach yn y preseb sy'n faich wrth gwrs, na'r ewyllys da sy'n tarddu a lledu'n rhyfeddol adeg ei eni. Pwysau'r cydau plastig sy'n ein llethu, a'r cyflyru maith a fu arnom i brynu mwy a mwy er mwyn ennill dedwyddwch. Hawdd yw prynu addurniadau dedwyddwch, ond am y peth ei hun, er chwilio taer amdano o siop i siop, nis ceir ar silff na chownter.

Yn ffordd yr Eglwys o baratoi nid oes blinder o gwbwl. Yn ystod pedair wythnos y disgwyl, gosodaf fy hun mewn dychymyg ysgwydd wrth ysgwydd gyda'r rhai a fu'n disgwyl cyhyd am y Nadolig cyntaf un. Nid yw hyn yn anodd oherwydd mae disgwyl am wawr newydd a dyddiau gwell wedi'i blannu'n ddwfwn ym mhawb. Enw'r dyhead yw gobaith. Gallaf uniaethu ar unwaith â gobaith y proffwyd y tarddai rhywun fel blaguryn o hen foncyff i ddwyn paradwys yn ôl, pan drigai'r blaidd gyda'r oen a'r llewpard gyda'r myn, pan fyddai'r llo a'r llew'n cydbori, a bachgen bychan yn eu harwain. Neu gyda'r bardd Fersil (oherwydd nid oes ffin gwlad nac amser i'r disgwyl am ddyddiau gwell) pan ddywed bod 'gorymdaith fawr yr oesoedd wedi dechrau o'r newydd, y Wyryf yn dychwelyd, oes Sadwrn yn gwawrio eto, a phlentyn newydd yn cael ei ddanfon i'r ddaear oddi fry.' Mae'r geiriau hynod hyn yn fwy trawiadol fyth o gofio mai ar drothwy geni Iesu y bu farw Fersil. I'r Rhufeiniaid oes Sadwrn oedd oes goll diniweidrwydd a heddwch. Gallem feddwl y byddent ar ben eu digon a'u grym ar gerdded drwy'r byd. Ond nid felly. Yn ddwfwn i lawr, dyheu am oes Sadwrn yr oeddynt, am Shangrila, neu ardd Eden yn ôl. Pam mae'r ymdeimlad o golled yn dal i weithio o'n mewn? Dysgaf ddisgwyl felly nid yn ferfaidd ond yn effro a thaer, fel y disgwyl gwylwyr am y bore, neu wraig feichiog am ddod ei hawr.

Disgwyliaf am y baban. Mae'r hanes ar ben fy mysedd ond ymdeimlaf bob blwyddyn o'r newydd â rhyfeddod y digwyddiad a holltodd yr oesoedd, chwedl Gwenallt. Tlawd iawn oedd ei ddyfodiad cyntaf, a byth oddi ar hynny tlodion y ddaear sy wedi teimlo agosaf ato – y rhai heb le i roi eu pen i lawr, y rhai dan orthrwm ac erledigaeth. Y nhw a ŵyr orau beth yw ystyr bod dim lle yn y llety. Mae'n anos i rai esmwyth eu byd a bras eu bord i uniaethu â'i dlodi. Ond gall y rheini hefyd roi croeso iddo, ond iddynt gofio mai llwm yw hi arnom i gyd o dan gochl ein digonedd, ac mai yn ei dlodi ef y mae'n cyfoeth ni.

Porffor yw lliw'r Eglwys yng nghyfnod y disgwyl, a phedair cannwyll borffor (un am bod Sul ac un wen yn y canol) sy'n gweddu i'r dorch o ddail bytholwyrdd a luniwn i nodi'r tymor. Lliw mynd 'nôl at y groesffordd yw a chymryd y ffordd well, lliw troi dalen, lliw adnabod ein tlodi. Nid digonedd ond angen sy'n paratoi'r preseb.

'Pryd daw diwedd y byd?' ebe'r holwr yn y gymanfa bwnc yng Ngheredigion slawer dydd. Wedi distawrwydd a fedrid ei deimlo, edrychodd Ben Cefnwig yn ddireidus dros ei sbectol a thynnu'i law wen dros ei fwstash hirlwyd, a dweud yn bendant, 'Ddaw e ddim am sbel.' Chwarddodd pawb. 'Dych chi'n meddwl na ddaw e ddim am sbel?' ebe'r holwr eto. 'Na ddaw,' ebe Ben yn gryfach os rhywbeth nag o'r blaen. A dyna ddiwedd clep ar y dyfalu. Fodd bynnag, ymestyn tymor y disgwyl – yr Adfent – nid yn unig at y preseb, ond cynnwys hefyd yr argyhoeddiad y daw'r un Iesu drachefn yn niwedd y byd mewn grym a gogoniant i farnu byw a meirw. Mae'n destun astrus. Dyna pam y mae'n rhaid ei bortreadu mewn lluniau mawr ac arswydlon, inni fedru ei amgyffred. Yr haul yn tywyllu, y lleuad dan ddiffyg a'r sêr yn syrthio, cenhedloedd mewn cyfyngder a phryder o drymru ac ymchwydd y môr. Yna Iesu Grist yn dod ar y cwmwl gyda gosgordd o angylion, a'r utgorn yn seinio i alw pobloedd y ddaear i ddydd barn a diwedd byd. Dyna'r darluniau, ond i mi nid y rhain er grymused ydynt yw'r allwedd i'r hyn sy'n cael ei gyfleu, ond yr un gair *diwedd*.

Nid difodiant y mae'r gair *diwedd* yn ei gyfleu i mi, ond diwedd yn yr ystyr o gwblhau'r hyn a ddechreuwyd. Yn ymyl ein hysgol ni roedd gweithdy John Saer, a gwyliais ef lawer gwaith yn cymryd darn o bren digon diolwg, a'i lygadu'n fanwl. Ni wyddwn beth a fwriadai wneud ohono, ond gwyddai ef. Gweithiai'n ddygn arno wedyn nes cwblhau'i fwriad a dwyn ei grefftwaith i ben. Rhywbeth felly yw'r syniad o ddiwedd y byd i mi – Duw'n dwyn ei ddibenion i gwlwm. Pa synnwyr sydd mewn credu y bydd yn dinistrio'i gread ei hun? Nid yn nhermau dinistr y mae gweld y peth ond yn nhermau cyflawni. Ar wahân wrth gwrs i ddinistr drygioni a goruchafiaeth derfynol daioni. Yn y cyfamser, y mae'r olygfa'n debyg i adeilad helaeth y bu scaffaldau clos a tharpolinau llydan yn ei gadw'n gudd ers amser maith. Anodd iawn yw gweld beth sy'n mynd ymlaen, ac anos byth yw dyfalu sut olwg a fydd arno yn y diwedd. Ond gŵyr y pensaer. A phan symudir y llenni a thynnu'r scaffaldau, ceir gweld y cyfanwaith ar ei newydd wedd, ac yn ei lawn brydferthwch.

Mae barn ynghlwm wrth y diwedd. Daw Iesu drachefn, medd y Credo, i farnu byw a meirw. Adeg y cynhaeaf, nid cynt, y mae didoli unwaith ac am byth yr efrau oddi wrth y gwenith. Wrth dyfu maent mor debyg i'w gilydd, ond amser medi nid oes amheuaeth prun yw prun. Ar un wedd mae'r farn yn mynd ymlaen o hyd (fel yr asesir plentyn mewn ysgol), a barnu'n hunain a wnawn wrth ymateb neu ddim ymateb i'r goleuni a'r gwirionedd a gawsom. Ond mae diwedd i'r broses honno a barn derfynol yn cael ei rhoi. Defnyddiwn y gair Saesneg *crisis* yn aml iawn pan fydd pethau wedi dod i argyfwng. Ond gair Groeg yw yn y bôn, ac mae'n golygu barn. Pan ddaw'r *crisis* nid oes modd celu'r gwir bellach. Rhaid wynebu pethau fel ag y maent heb gochl o fath yn y byd. Yn y diwedd bydd yn hollol eglur 'gan bwy mae'r sylwedd a phwy sydd heb y gwir.'

Yn Adfent fe'n gelwir i baratoi at ddau ddyfodiad y Crist – yn symlrwydd Bethlehem a mawredd y diwedd. Ai dau Grist gwahanol a ddisgwyliwn? Na nid felly. Yr un Crist yw. Ei ddyfodiad sydd farn. Ei dlodi yw ei gyfoeth. Ei ostyngeiddrwydd yw ei ogoniant.

AWN I FETHLEHEM

Bore Nadolig. Mae'r disgwyl drosodd. Llosgodd y bedair cannwyll borffor i'r gwaelod, a goleuaf gannwyll wen y Nadolig yng nghanol y dorch ddail. 'Awn i Fethlehem bawb dan ganu' – dyna yw gwahoddiad Ficer Prichard yn ei garol enwocaf, ac ychwanega'n afieithus 'neidio, dawnsio, a difyrru.' Mynd i'r plygain bore Nadolig, a'r haul wedi oedi codi o barch i'r llewyrch yn y preseb, a rydd imi fwy na dim y teimlad gorfoleddus fy mod yn mynd gyda'r bugeiliaid i weld y baban. Yng nghyfaredd y distawrwydd dan y sêr, tybiaf glywed angylion yn canu a sŵn traed yn prysuro. A dweud y gwir, ni bu gennyf fawr o awydd mynd i Fethlehem yn llythrennol, dim ond mewn dychymyg. Mae grym mewn dychymyg. Pan oeddwn yn grwt ni chlywswn sôn yn y byd am Thomas Hardy a'i gân i'r ychen, ond cofiaf bod cred yn ein hardal ninnau hefyd bod y gwartheg yn penlinio wrth y preseb ganol noswyl Nadolig. Na dim cred chwaith yn gymaint â darfelydd a dyhead – 'Hoping it might be so.'

Wrth ddarllen a gwrando hanes cyfarwydd y geni, rhaid cofio bod yr awduron yn gwybod diweddglo'r stori cyn sôn am ei dechrau. Weithiau ym mis Mawrth, a'r wlad dan drwch o eira, gwelais ben y bryniau ar dân yn adlewyrch godidog y machlud. Felly hefyd y goleuir hanes geni Iesu gan ryfeddod ei fywyd a'i farwolaeth a'i atgyfodiad. Yn ngoleuni'r diwedd y mae gweld y dechrau. Dyna pam y dewisodd yr Eglwys ar hyd y canrifoedd ddathlu geni Iesu drwy weinyddu'r Cymun, sy'n sôn am ei ddiwedd. Dyna hefyd pam mae'r hen garolau plygain yn rhagori ar gynifer o'r rhai newydd. Nid da ganddynt fynd at y crud, a'i gadael ar hynny, Ânt ymlaen i ganu am beth a ddigwyddodd iddo wedyn, oherwydd hynny sy'n esbonio diben ei ddod. Nid yw baban yn faban yn hir. Cyn pen dim mae allan o'r pram. Ac os myn ein ffydd ninnau aros wrth y preseb a gwrthod tyfu gyda'r plentyn, ffydd yn ffarwelio â ni yw. Eglwys yn orlawn noswyl Nadolig, a chwarter llawn ar y Groglith . . .

Pan ddywed Mathew a Luc bod cenhedliad (nid geni) Iesu'n wyrthiol, yng ngolau ei fywyd a'i waith yr addefir hynny. Ansawdd ei fywyd unigryw a rhinwedd ei farw a arweiniodd ei ddilynwyr i gredu bod ei genhedliad ym mru Mair Forwyn yn oruwchnaturiol. A phan roddir teitlau crand i'r baban cyn ei eni, megis Mab y Goruchaf a Mab Duw, teitlau ydynt a warantwyd gan brofiad ei bobl ohono wrth ei ddilyn.

Pan gyflwynir drama'r Geni, gorau i gyd po fwyaf o angylion a fydd o gwmpas. Yn aml mae'r angylion fel y bugeiliaid yn ddihangfa rhag diflastod, pan fo rhyw blentyn heb gael rhan. Os bachgen, gellir taflu rhywbeth llwyd dros ei gefn a rhoi ffon yn ei law, ac yn y fan a'r lle bydd yn un o'r bugeiliaid yn gwylied eu praidd liw nos. Os merch a adawyd ar y clwt (er nad oes unrhyw reswm pam na ddylai hogyn fod yn angel a geneth yn fugail) gellir gwisgo rhywbeth gwyn amdani a'i throi'n disymwth yn un o osgordd Gabriel. Cyn pen dim bydd yn canu Go-o-o . . goniant dros feysydd Bethlehem, a bydd ei mam a'i nain mor hapus â'r gog. Gorau i gyd os bydd Gabriel yn dal a main gyda gwallt hir melyn. Nid yw'n gweddu i archangel mwy nag i archesgob fod yn rhy dew! Gorau hefyd bod digon o adenydd i fynd rownd a digon o le i'r angylion eu lledu, rhag bod gwrthdaro. Oherwydd mae rhagor rhwng angel ac angel mewn gogoniant.

Byddaf wrth fy modd yn gwylio wynebau'r angylion bach wrth iddyn nhw godi'u breichiau'u gwyn fry neu benlinio'n isel wrth y crud.Maent gymaint nes na ni at y bodau ysbrydol sy'n cwmpasu nef a daear. Yn hanes y geni mae'r sôn mynych am angylion a breuddwydion yn gwthio ffiniau'n hamgyffred y tu hwnt i ffeithiau moel, at y dirgelwch tragwyddol sydd o'n hamgylch. A beth bynnag arall a ddysgais yn fy oes dysgais beidio â bychanu dychymyg a chrebwyll plentyn. Yn llygaid plant bach ar eu deulin wrth y crud mae syndod sanctaidd y geni i'w ganfod orau. Ond wedi dweud hynny, gall ambell ffrae rhwng angylion a bugeiliaid y tu cefn i'r llwyfan bortreadu hefyd y frwydr oesol rhwng da a drwg sy'n ysgwyd y cosmos cyfan!

Pan sonnir am angylion yn y Beibl, arwydd yw hynny bod Duw ar waith, oherwydd ef a'u henfyn a'i negeswyr ef ydynt. Dysgant inni ddau beth amdano, ei fod yn agos atom ac eto'n uwch na ni. Ar arch Duw brysiant i'n cynorthwyo. Dônt atom mewn llawer modd – drwy bobl eraill weithiau neu fel y gwyddom yn dda drwy ryw gymhelliad mewnol na allwn ddianc rhagddo. Pa sawl gwaith y cefais neges o'r tu mewn y dylwn fynd ar fyrder i weld rhywun yn y lle a'r lle, a darganfod o fynd bod fy angen ar yr union amser hwnnw yn y lle y cyfeiriwyd fi ato. Ac o beidio â mynd, mor aml y cefais y loes o gyrraedd yn rhy hwyr.

Mae mor naturiol i mi sôn am gymhelliad mewnol ag oedd i ysgrifennwyr y Beibl ddweud mai angel yr Arglwydd oedd yn dwyn neges. Mae crybwyll angel yn rhoi dimensiwn gwahanol i'r peth, un ysbrydol, un dwyfol. Felly lle medrwn i ddweud iddi wawrio'n sicr ar Mair mai ewyllys Duw oedd iddi hi fod yn fam y Meseia, dywed Luc yn gwbwl syml mai'r angel Gabriel a ddaeth ati i roi'r neges dyngedfennol. Mae dweud hynny'n rhoi estyniad goruwchnaturiol i'w phrofiad. Mae yna ddarlun a drama'n awr, a Duw yn eu canol. Pe clywem ar y newyddion Cymraeg heddiw bod Dewi Sant wedi marw, byddai'r newydd yn ffeithiol gyda rhywun mae'n debyg yn talu teyrnged iddo. Ond ym Muchedd Dewi gan Rhigyfarch daw angel at Dewi i'w rybuddio i fod yn barod erbyn y cyntaf o Fawrth, pan ddoi'r Arglwydd Iesu Grist â naw gradd nef i'w gyrchu. Ac felly y bu. Codir y digwyddiad yn awr i ddimensiwn cymaint uwch, a nodir ei bwysigrwydd yn dra chofiadwy. Ni fedraf amgyffred sut fodolaeth sydd i angel, ac nid oes raid imi chwaith. Digon yw deall o'r darlun bod Duw ar waith, a bod ei ewyllys yn cael ei chyflawni – megis yn y nef, felly ar y ddaear hefyd.

Ond os yw Duw'n agos atom, ac yn wir wrth wraidd ein bod, mae hefyd yn anfeidrol uwch na ni. Rhaid cadw'r ddau wirionedd mewn cydbwysedd iach. Duw cariad yw, a Duw sanctaidd. Mae'n agos ac eto ar wahân. Amlygodd ei hun ond pery'n ddirgelwch eithaf. Testun clod diderfyn angylion yw sancteiddrwydd Duw, a chawn ninnau ymuno yn eu hanthem, Sanctaidd, sanctaidd, sanctaidd, a chael ein puro.

Gair arall sy'n hoff ganddynt yw 'Gogoniant'. 'Nefoedd a daear sy'n llawn o'th ogoniant' yw byrdwn eu moliant. Gogoniant Duw yw claerineb ei bresenoldeb mawr. Dyma'r gogoniant a welsom, medd Ioan yr Efengylwr yn y Gair a wnaethpwyd yn gnawd ac a drigodd yn ein plith ni. Dyma'r datguddiad, ebe'r Apostol Paul a ddisgleiriodd yn wyneb Iesu Grist. Yn yr Hebraeg mae syniad o bwysau ynghlwm wrth ogoniant, a sonia Paul eto am bwysau tragwyddol ogoniant. *The Weight of Glory* yw teitl llyfryn nodedig gan C. S. Lewis.

Pan âi 'nhad i brynu siwt newydd imi slawer dydd ar gyfer Sul y Pasg, oedai mor faith i fodio'r defnydd nes imi anobeithio y prynai un o gwbwl. Âi'n ôl a mlaen at y golau a phendroni a holi'r pris (oherwydd Cardi oedd!) cyn cyhoeddi ymhen hir a hwyr 'Fe gymrwn ni hon. Ma na bwyse yn hon, ac fe barith.' A phara a phara a wnâi, nes imi dyfu allan ohoni. Ni dderfydd gogoniant Duw gan mor drwm a da yw'r defnydd. Dyma'r gogoniant a folwyd gan gôr yr angylion fore'r geni. Tybiaf bod y côr wedi'i rannu'n ddwy fel côr eglwys gadeiriol, a'r naill ran yn ateb y llall. Yng nghlyw bugeiliaid clustfain canodd un ochr 'Gogoniant yn y goruchaf i Dduw' ac atebodd y llall, 'Ac ar y ddaear tangnefedd i'r rhai a gafodd ei ffafr.' Uno wedyn i'w chanu a'i hail-ganu'n gyfan. Oherwydd un yw'r neges ac anwahanadwy dros byth. Oni chydnabyddir y gogoniant yn y goruchaf ni cheir tangnefedd ar y ddaear. Ac oni bydd *shalom* ar y ddaear nid adlewyrchir y gogoniant oddi fry, ond bydd y byd dan gwmwl.

Mae mwy i *shalom* nag absenoldeb rhyfel. Rhai sy'n creu tangnefedd yw tangnefeddwyr nid rhai sy'n bodloni'n unig ar ei gadw. Golyga *shalom* gymod a chytgord ac iechyd a ffyniant a phob hyfrydwch. Nid pawb fodd bynnag a ŵyr ei gyfrinach. Fe'i rhoddir i'r rhai sydd 'wrth ei fodd' neu 'a gafodd ei ffafr.' Pobl annisgwyl yw'r rheini'n aml. Nid arweinwyr crefydd a glywodd gân y geni ond bugeiliaid isel-fri. Y rhai sy mewn perthynas iawn â Duw yw'r rhai sydd wrth ei fodd, y sawl a gydnebydd ei ogoniant ac a ymetyb i'w ras. Y nhw'n anad neb a freintiwyd i fod yn gyfryngau tangnefedd ar y ddaear.

Ar y Nadolig cyntaf clymwyd gogoniant a thangnefedd yn un parsel i'w gyflwyno'n rhodd i'r byd. A chanodd negeswyr Duw yn orfoleddus i ddathlu'r cwlwm yn y crud. Awn i Fethlehem.

DILYN SEREN

Ym mlwyddyn yr Eglwys nid â'r Nadolig heibio'n swta. Cerdda ymhell i mewn i flwyddyn newydd y byd. Fe'i dilynir gan Ŵyl y Seren a thymor yr Ystwyll (o'r Lladin stella, seren) sy'n darlunio sut y datguddiwyd y Crist i bobl y byd a sut y daethant hwythau i'w gydnabod yn frenin. Stori'r Doethion sy'n dod gyntaf ac fe'i hadroddir ar y deuddegfed dydd wedi'r Nadolig, dydd tynnu'r trimins i lawr a diffodd goleuadau'r goeden. Mae'n anodd gwybod faint o hanes gwirioneddol sydd yn y stori honno, ond nid wyf yn poeni llawer am hynny. Mae modd cyfleu gwirionedd dwfn trwy chwedl a chân, myth a dameg, sy'n rhyddhau'r dychymyg i dramwyo 'mhellach na'r hyn a gynhwysir mewn ffeithiau moel.

Pan gyflwynir drama'r geni, fel brenhinoedd yn ddieithriad y portreadir y doethion, gyda dillad hir lliwgar a choronau disglair. Uchelgais pob bachgen yw graddio o fod yn Joseff neu ŵr y llety neu'n fugail i fod yn frenin – naill ai Herod yn ei gynddaredd, neu un o'r brenhinoedd bonheddig o'r dwyrain. Mae'r darlun o frenhinoedd yn dod ar gamelod i Jerwsalem gan ddwyn rhoddion o aur a thus ac ymostwng ger bron brenin yr Iddewon, yn un cyfarwydd yn y Beibl. A dyna sut cododd y traddodiad mai brenhinoedd oedd y doethion. Tri brenin a gyflwynir fel rheol gan mai tair rhodd sydd yn y stori.

Ond mae yna draddodiad am bedwerydd a gychwynnodd gyda'r lleill o'r dwyrain, gan ddwyn rhodd o berl i'r brenin newydd. Ar ei ffordd gwelodd gaethferch yn cael ei cham-drin yn arw, a neidiodd o'i gamel a rhoi'r perl i'w meistr yn gyfnewid am ei rhyddid. Cydsyniodd yntau a'i rhyddhau. Ni fynnai'r brenin fynd ymlaen yn awr heb ei rodd, a throes yn ôl i'w wlad. Ymhen blynyddoedd wedyn daeth i Jerwsalem ar yr union ddiwrnod yr oedd tri o ddynion yn cael eu croeshoelio. Uwchben yr un yn y canol roedd ysgrif – Iesu o Nasareth, Brenin yr Iddewon – ac o graffu canfu'r ymwelydd fod y perl a roisai am y gaethferch gynt yn addurn yn y goron ddrain.

Rydym ym myd myth a chwedl, a dywed hen fyth Armenaidd mai tri mab Noa-Sem, Cham, a Japheth – oedd y doethion, ac iddynt godi'n

96

unswydd o farw i fynd i Fethlehem, cyn dychwelyd wedyn i'r bedd. Yn ôl y Beibl, ohonynt hwy y cenhedlwyd holl bobloedd y ddaear, a gwelir hwy felly fel cynrychiolwyr y cenhedloedd yn dod i dalu gwrogaeth i Iesu. Rhoes R. S. Hawker yr hen chwedl ar gân, sy'n diweddu

> Then slow the Patrarchs turned and trod,
>   And this their parting sigh:
> 'Our eyes have seen the living God,
>   And now – once more to die.'

Felly i gynrychioli'r cenhedloedd, byddai'n dda cael ym mhasiant y geni un brenin melyn, un gwyn ac un du. Yn ei drama 'The Man Born To Be King' tybia Dorothy Sayers bod cwestiynau tra gwahanol yn poeni'r tri. I Caspar o Asia y broblem sy'n dirdynnu'r byd yw, a all doethineb a chariad byth fyw ynghyd pan ddelo'r deyrnas. Yn ôl Melchior o Ewrob y cwestiwn dirdynnol yw, a fedr grym a chariad byth fyw ynghyd. A gofid Balthasar o'r Affrig yw a all galar a chariad drigo 'nghyd yn y diwedd. Agorant eu calonnau i Mair a chyffesa hi mai merch dlawd a syml yw, heb y gallu i ddatrys y fath bynciau dyrys. Y cyfan a ŵyr yw bod gallu Duw wedi dod arni, gair Duw wedi ei lefaru wrthi, a chariad Duw wedi llenwi'i bywyd ar waethaf poen esgor. Iddi hi, y baban yn ei breichiau yw'r ateb i holl gyfyng-gyngor y byd.

Gallem bortreadu'r doethion hefyd fel gwŷr dysg a dawn. Gwisgoedd ysblennydd penaethiaid coleg ar ddiwrnod graddio a fyddai'n gweddu wedyn. Byddai eu gweld hwy'n ymostwng i blentyn yn olygfa anghyffredin. Hwyrach wir mai'r doethion oedd gwyddonwyr a mathemategwyr eu hoes. Os felly, mae taith hir y dysgedigion yn ddarlun da o'r ymchwil diddarfod am wybodaeth. Ni all addysg mwy na ffydd aros yn ei hunfan. Mae ar gerdded o hyd, gan ymestyn ymlaen a dilyn y golau sy ganddi, nes dod o hyd i'r gwirionedd. Darganfod wedyn nad yw diwedd un taith ond man cychwyn taith arall. Po fwyaf a ddysgwn, mwyaf sydd ar ôl i'w ddysgu.

Nid brenhinoedd na doethion fodd bynnag yw'r teitl cywir ar y dieithraid o'r dwyrain, ond sêr-ddewiniaid. Bu goreuon pobl Israel ar un adeg yn alltud ym Mabilon, a oedd yn ganolfan nodedig i astudiaethau o'r sêr. Yn awr sêr-ddewiniaid o'r dwyrain, o gyfeiriad Babilon, sy'n dilyn seren at frenin Israel. Mae'n debyg mai astrolegwyr oeddynt yn hawlio gallu darllen ffawd dyn yn y sêr. Mae rhamant yn y darlun ohonynt yn chwilio meithder y gofod distaw, gan nodi popeth yn ofalus a mesur popeth yn gelfydd. Roeddynt yn etifeddion hen ddoethineb y dwyrain. Gallwn ddychmygu'u llawenydd pan syrthiodd eu llygaid ar seren newydd sbon, o honno'n cyffroi'u cywreinrwydd i ddyfalu pwy oedd yr un mawr a anesid i'r byd. O fewn cwmpas eu gwaith yr agorwyd y ffordd iddynt i Fethlehem. Y sêr oedd eu pwnc, a seren a'u harweiniodd. Nid yr un peth sy'n arwain pawb at Dduw. Wrth ddweud mai seren a arweiniodd y dewiniaid at Iesu, tybiaf bod Mathew am awgrymu'n gynnil bod y seren ddisgleiriaf yn diffodd pan gyfyd yr haul.

Gwelwyd arwyddocâd arbennig yn rhoddion y sêr-ddewiniaid. Hwyrach bod yr anrhegion yn arwyddo'r offer a ddefnyddient yn nefodau eu hen ofergoel, a'r elw a bentyrrent o hynny. Os felly byddai agor a chyflwyno'r rhoddion yn weithred o ymwrthod â'r hen a chofleidio'r newydd. T. S. Eliot sy'n dweud bod y siwrne bell a chaled wedi golygu genedigaeth a marwolaeth i'r sêr-ddewiniaid. Arferent feddwl bod y ddeubeth ar wahân, ond profasant hwy'n awr gyda'i gilydd. Marwolaeth i'r hen a genedigaeth i'r newydd yn cyd-ddigwydd; poen esgor a marw'n cyd-ddirdynnu. Ond diweddglo 'Journey Of The Magi' yw 'I should be glad of a second death.' Elw yw marw i'r hen pan fo'r newydd gymaint rhagorach.

Ond gall bod ystyr arall i'r rhoddion. Mae aur yn gyfystyr â golud ac â phopeth y gall golud ei sicrhau – dylanwad, grym, awdurdod, hawddfyd. Cyfyd thus yn gwmwl o arogldarth, gan greu awyrgylch defosiwn ac arwyddo gweddi a mawl yn esgyn at Dduw. Defnyddid myrr i eneinio corff marw, ac yn yr Efengyl daw i'n cyfarfod eto pan eneinir Iesu cyn ei roi yn y bedd. Saif myrr dros ein marwoldeb. Offrymodd y sêr-ddewiniaid eu golud, eu haddoliad, a'u marwoldeb. Nid oedd dim mwy ar ôl.

Nid at y preseb y daeth y sêr-ddewiniaid ond i'r tŷ, tŷ Mair a Joseff. Yn nrama Dorothy Sayers, dyfala Zillah'r forwyn prun o'r trysorau a fyddai orau gan y plentyn. Sylwasai mae'n debyg bod pob plentyn yn cymryd mwy at un anrheg na'r llall. A phawb yn gwylio, edrychodd Iesu'n hen ffasiwn ar yr aur. Gwenodd wrth weld y thuser a chlywed tinc y cadwyni arian. Yna estynnodd ei law fach allan, a gafael yn dynn yn y myrr.

PRAWF

Gwyrdd yw lliw y Seren Ŵyl ym mlwyddyn yr Eglwys, lliw gwanwyn newydd, lliw cynnydd. Ond wedi estyn y gorwelion yn Ystwyll hyd eithafoedd y ddaear, daw cyfnod o hunan-ymholiad ynglŷn ag ystyr dilyn Crist a beth yw natur ei deyrnas. Rhaid gwisgo porffor unwaith eto felly. Yn ystod deugain dydd y Garawys uniaethwn ein hunain â Iesu yn yr anialwch a cheisio deall natur y prawf a'i hwynebai. I wneud hyn cefais dipyn o help o chwedl Yr Ymholwr Mawr. Rhai blynyddoedd yn ôl penderfynais ar awr wan i ymuno â chlwb llyfrau a addawai ddanfon ataf bob rhyw ddeufis un o nofelau clasurol Rwsia. Ac felly bu. Daethant o un i un mewn cloriau coch cain nes bod gennyf gasgliad helaeth ohonynt. Ni fedraf ddweud imi gael blas mawr ar eu darllen – mwy efallai o edmygedd at eu treiddgarwch dygn i eneidiau pobl na phleser. Gall eu cwmpasu aml-eiriog a'u manylu maith fynd yn flinder weithiau, ond torrant gwys ddofn serch hynny.' Dangosaf ddyfnder yr enaid dynol,' ebe Dostoevesky. A dywedodd un sylwedydd am y nofelydd hwnnw, ei fod yn gorfodi'i gymeriadau ddod wyneb yn wyneb â dirgelwch ein bodolaeth.

Fel mae'n digwydd ei nofel ef 'Y Brodor Karamazov' oedd y cyntaf imi ddarllen. Mae tri brawd tra gwahanol yn y stori a dihiryn creulon o dad. Yn y diwedd llofruddir y tad, ond nid cyn i'r awdur dreiddio drwy gymeriadau'r pedwar, haen wrth haen, nes dinoethi'n gyfan enaid pob un. Yn rhan gyntaf y nofel y ceir chwedl 'Yr Ymholwr Mawr' sy'n ymwneud â themtiad Iesu yn yr anialwch ac felly â phrif thema'r Garawys. Yr ail frawd Ivan sy'n adrodd yr hyn a eilw'n 'gerdd mewn rhyddiaith' wrth y brawd ieuengaf Alyosha. Mae gwrthryfel chwerw yng nghalon Ivan, nid yn gymaint medd ef yn erbyn Duw, ond yn erbyn y byd a greodd. Ni all dderbyn bod modd maddau creulonderau'r byd, i blant yn enwedig, na gwneud iawn drostynt. Mae Alyosha â'i fryd ar fod yn fynach ac yn gymeriad dwys a theimladwy. Myn ef bod un sy'n medru maddau a gwneud iawn, am iddo roi ei fywyd dros bawb. A'r sylw hwn sy'n cyffroi Ivan i adrodd stori'r Ymholwr Mawr.

Gosodir yr olygfa yn Seville yn Sbaen yn y bymthegfed ganrif pryd mae cannoedd o hereticiaid yn cael eu llosgi gan Uchel Lys yr Eglwys. Un diwrnod ymddangosodd Iesu yng nghanol enbydrwydd yr erlid, a cherdded ymhlith y bobl ar balmantau poeth y dref, megis y gwnaethai gynt yng Ngalilea, Adnabuont ef ar unwaith, a rhoes yntau iddynt o'i gariad tirion. Estynnodd ei ddwylo atynt i'w bendithio a'u hiacháu. Canodd y plant eu hosanna iddo gan daenu blodau hyd lawr i'w groesawu. Cafodd dyn dall ei olwg, ac wrth i ferch saith oed gael ei dwyn allan o'r eglwys gadeiriol yn ei harch wen agored, syrthiodd ei mam wrth draed Iesu ac erfyn arno godi'i phlentyn. Sibrydodd yntau'n dyner, 'Yr eneth, cyfod,' a chododd hithau ar ei heistedd yn yr arch a'i gwên fel yr haul. Torrodd y dyrfa i wylo a dolefain, a bu cyffro mawr drwyddi.

Pwy a ddaeth heibio ar y foment honno ond yr Ymholwr Mawr. Hen ŵr pedwar ugain a deg bron oedd ef. Roedd ei wyneb fel coeden grin a'i lygaid wedi suddo'n ddwfn i'w ben, ond heb eto lwyr golli eu hangerdd. Gwisg fras fratiog mynach oedd amdano heddiw, ac nid dillad crand cardinal fel ddoe, pan losgwyd cant o hereticiaid wrth y stanc. Pan welodd Iesu'n codi'r plentyn o farw, daeth cwmwl du dros ei wedd a fflach o dân dig i'w lygaid. Pwyntiodd ei fys tenau at Iesu a gorchymyn i'r milwyr ei ddal a mynd ag ef ymaith i garchar tywyll y Chwilys. Ni chododd neb fys i achub Iesu. Yn ei ddychryn aeth y dyrfa ar ei gliniau i'r hen ymholwr, a rhoes yntau ei fendith iddi.

Wedi machlud haul, a gwres y dydd yn dal i lethu'r nos, yn sydyn agorwyd drws y carchar a daeth yr Ymholwr Mawr i mewn, a llusern yn ei law. Arhosodd ennyd wrth y porth, nesáu'n fusgrell at y carcharor a rhoi'r llusern ar y bwrdd. Wedyn dechreuodd siarad heb dor a gofyn i'r carcharor pam y daethai'n ôl i rwystro gwaith yr Eglwys. Roedd y diafol, ysbryd diddymdra a dinistr, wedi rhoi prawf arno yn yr anialwch. Tri gallu sydd, a thri'n unig a fedr ennill a chadw teyrngarwch dynion – bara, gwyrth, ac awdurdod. Petai wedi troi'r cerrig yn fara, byddai'r ddynoliaeth wedi'i ddilyn yn ddiolchgar ac ufudd fel defaid, ond eto ar bigau drain rhag iddo dynnu'i law hael yn ôl. Ond nid ar delerau o'r fath y dymunai'r carcharor ennill y byd. Gwell oedd ganddo beidio ag amddifadu pobl o'u rhyddid i'w ddilyn, nid am fara ond am yr hyn oedd ynddo'i hun. Buan y darganfuont fodd bynnag mai rhyddid annioddefol yw rhyddid felly, ac mai gwell oedd ganddynt gael bara a bod yn gaethweision, na chael rhyddid a dim bara.

Roedd yr ysbryd drwg wedi cynnig iddo eilwaith i neidio i lawr o binacl y deml, ac ennill y byd trwy wyrth. Oherwydd nid yw yn natur dyn i wrthod gwyrth, a dewis glynu'n hytrach o'r galon wrth y gwir drwy ddŵr a thân. Ond gwrthod a wnaethai, fel y gwrthododd ddisgyn oddi ar y groes. Ni fynnai wneud dyn yn gaethwas i rym gwyrth, ond dymuno'n hytrach ei ennill trwy gariad, rhag iddo orfod byw am byth dan orthrwm yr anghyffredin. Ond roedd wedi camgymryd natur dyn. Mae'n wannach a thlotach nag a dybiai. Nid ceisio Duw a wna ond ceisio'r gwyrthiol. Petai wedi meddwl llai ohono, byddai wedi disgwyl llai ganddo. Byddai hynny'n debycach i gariad, a byddai baich dyn gymaint ysgafnach.

Wedyn cynigiodd yr ysbryd drwg i'r carcharor holl deyrnasoedd y ddaear a'u gogoniant, dim ond iddo ymostwng a'i addoli. Petai wedi derbyn y byd a phorffor Cesar, byddai wedi sefydlu teyrnas fyd-eang a rhoi heddwch i'r cenhedloedd. Oherwydd pwy a all deyrnasu ond yr un a ddeil gydwybod dynion, a'u bara yn ei law? Ond gwrthod a wnaeth, gan fynnu sicrhau'n hytrach ddewis rhydd i'r bobl, a'u hennill nid trwy rym ond trwy gariad. Fodd bynnag cymerodd yr Eglwys awdurdod a chleddyf Rhufain, a hi sy wedi gorfod cywiro gwaith y carcharor, gan ryddhau dyn o faich rhyddid a rhoi ei ddymuniad yn ôl iddo am y pethau sy'n ei ddenu fwyaf. Pam y dychwelodd yn awr i darfu ar y gwaith hwnnw?

Gwrandawsai'r carcharor yn astud, ond er i'r Ymholwr ddisgwyl yn hir am ateb, nid ynganodd Iesu air. Ond yn sydyn cododd a mynd yn dawel at yr hen ŵr a phlannu cusan tirion ar ei wefusau gwelw. Dyna'i unig ateb. Gafaelodd arswyd yn yr hen ŵr ac yn ei benbleth ni fedrai ddweud gair. Ond aeth at y drws a'i ddal ar agor, gan ddweud wrth y carcharor, 'Dos, ac na ddychwel mwy, dim byth mwy, dim byth.' Diflannodd y carcharor i strydoed tywyll y dref, ac nis gwelwyd mwy.

Roedd Ivan wedi cyrraedd pen ei stori, a bu distawrwydd am yn hir cyn i Alyosha ofyn, 'A beth am yr hen ŵr?' Ac ebe Ivan, 'Llosgodd y cusan yn ei galon, ond ni fynnai newid ei feddwl.'

Fe'i caf yn chwedl drawiadol iawn. Mae ymgiprys oesol rhwng deniadau bara, gwyrth, a grym ag urddas pobl a'u rhyddid. Priod waith y Garawys yw dinoethi cymhellion y galon a'u mesur wrth gymhellion Iesu. Dysgu dilyn y gwir er ei fwyn ei hun, heb ofni lle mae hynny'n arwain.

'A DDIODDEFODD'

Fel y tyr llygedyn o haul cynnes trwy drymder cymylau, felly ar ganol y Garawys y tyr Sul y Fam neu Sul y Meibion ar ddifrifwch y deugain diwrnod, gan dynnu sylw at sancteiddrwydd priodas, hyfrydwch aelwyd hapus, a lle anrhydeddus mam yn ei chartref. Ond duo'n fuan a wna'r awyr eto wrth i'r flwyddyn nesu'n gyflym at ddioddefaint a marwolaeth Iesu.

Mae dioddefaint yn llechu'n wastad ger y ddôr. Pan fo'r byd ar ei brydferthaf a'i sicraf daw ei gnoc, weithiau'n ysgafn weithiau'n galed ond bob amser yn darogan gofid. Mae'n agosach yn wir na stelciwr wrth y drws. Fe'i gwewyd i batrwm ein bod. Byddaf yn ceisio dyfalu o bryd i'w gilydd sut fyd a fyddai arnom heb afiechyd a phoen, heb anfantais a damwain, heb adfyd a galar. Byddai'n haf o hyd, byddai'n baradwys. Ond a fyddai pris i'w dalu? A fyddai pawb yn hollol hunanol ac yn gwbwl amddifad o gydymdeimlad a chariad? Oes modd meithrin rhinweddau heb bod galw amdanynt? Ond dyfalu yw peth felly. Y gwir yw bod dioddefaint yng ngwead y cread. Dywed Paul yr apostol iddo glustfeinio a chlywed yr holl greadigaeth yn ochneidio mewn gwewyr. Ffantasi yw ffydd nad yw'n ymglywed â phoen. Ym mlwyddyn yr Eglwys mae lle canolog i Sul y Dioddefaint a Gwener y Groglith a chyhoedda'i chredo'n gyson ddi-droi'n-ôl i Grist ddioddef dan Pontius Pilatus. Nid oedd dihangfa hyd yn oed iddo ef.

I gyrraedd eglwys Llanddewi ar y gorwel pell uwchben y môr, roedd rhaid inni ddisgyn yn gyntaf i waelodion Cwm Arth a chroesi'r afon, cyn codi'r ochr draw. Cul iawn a throellog oedd y llwybr a chulach byth y bompren dros y dŵr, dau fonyn main ac un ganllaw. Yn nyfnder gaeaf, a'r afon mewn llif cynddeiriog a magddu'r cwm yn cau'n gynnar amdanom, roedd yn lle arswydus, er na feddyliem fawr am hynny ar y pryd. Ond weithiau'n awr wrth imi adrodd y Credo, 'a ddioddefodd dan Pontius Pilatus, a groeshoeliwyd a fu farw ac a gladdwyd; disgynnodd i drigfan y meirw,' llethrau tywyll serth Cwm Arth a ddaw i'm cof. Credai pobl y Beibl bod trigfan y meirw o dan y ddaear. Disgynnodd Iesu nid yn unig i'r bedd ond i'r annedd oer o dan y byd. Adeg y dioddefaint a'r groglith disgynnwn yno gydag ef.

'A ddioddefodd dan Pontiws Pilat . . .' Tery'r geiriau'n galed ar y glust fel ergydion morthwyl ar einion. Pan feddyliwn am Iesu'n dioddef rhaid cofio iddo ddioddef mewn meddwl corff a dyfnder calon. Mewn dioddefaint caled ânt gyda'i gilydd, law yn llaw. Mae'n naturiol inni feddwl o flaen dim am ei boen corfforol, gan fod croeshoelio'n gosb mor ffiaidd o greulon. Mae'n werth sylwi er hynny mor gynnil ac mor syber yw'r disgrifiad o boen Iesu yn yr efengylau. Wrth sôn am y gwawd a'r artaith, yr haul yn diffodd ganol dydd a'r llef alaethus o'r tywyllwch yn gofyn pam, iaith dioddefwyr yr Hen Destament rhagor eu geiriau eu hun sy'n dod iddynt hawsaf. Yn y modd hwn, heb leihau dim ar arswyd y peth, cydiant ddirboen Iesu wrth hen ddioddefaint y byd.

Ond dioddefodd hefyd mewn meddwl a chalon. Wylodd ddagrau dros y ddinas na fynnai ei dderbyn. cafodd ei wadu gan Pedr a'i fradychu gan Jwdas. Cymaint oedd taerineb ei weddi a dyfnder ei ing yn yr ardd, nes bod ei chwys yn disgyn ar y ddaear fel dafnau o waed. Roedd yn ŵr gofidus a chynefin â dolur. Dymunodd i'r cwpan chwerw fynd heibio iddo ond nid aeth. Yn narlun Bellini o'r ing yn yr ardd, saif angel ar gwmwl yn dal y cwpan anorfod o flaen Iesu, ac yntau ar ei ddeulun yn gweddïo, a'r tri disgybl yn cysgu. Trwm iawn a chancrog oedd y pren a roed ar ei ysgwydd a'r haul yn dechrau llethu, ond trymach oedd baich pechod y byd. Pan ddywedaf yn y Credo 'A ddioddefodd,' cynhwysir y cyfan.

Dioddefodd dan Pontius Pilatus. Pam mae hwnnw'n cael ei enwi byth a hefyd gan yr Eglwys? Nid â Sul heibio yn y gadeirlan wychaf na'r llan ddistadlaf heb iddo gael ei ddwyn ar gof. A dyna sut bydd hi tan ddiwedd amser mae'n debyg. Rhyfedd i ddyn cyn saled ennill y fath anfarwoldeb. Am mai ef yn unig oedd yn gyfrifol am farwolaeth Iesu yr enwir ef yn ddiddiwedd? Nid felly. Ganddo ef roedd y gair diwethaf mae'n wir, ond roedd eraill yn y darlun hefyd. Mewn gwirionedd roeddem i gyd yno, er ein bod 'wedi hen anghofio.' Na, fe enwir Pontius Pilat yn ddiddarfod am fod hynny'n sefydlu'r dioddefaint mewn lle ac amser. Nid dychymyg mo'r peth, ond ffaith. Pan oedd Pontius Pilat yn rhaglaw yn Jwdea dyna pryd y croeshoeliwyd Iesu. Gwyddom ei ddyddiadau. Bu'n rhaglaw o 26-37 Oed Crist. Tystia Josephus i'w fynych greulonderau. Sonnir amdano yn efengyl Luc yn cymysgu gwaed y Galileaid â'u hebyrth. Erbyn y flwyddyn 37 roedd dan warth a galwodd Tiberiws ef i Rufain i roi cyfri o'i oruchwyliaeth ffôl. Ond bu farw'r ymerawdwr cyn iddo gyrraedd. Beth ddigwyddodd wedyn ni ŵyr neb. Diflannodd Pilat o fyd hanes fel tarth y bore, ac oni bai am ei gysylltiad â Iesu byddai wedi mynd i abergofiant llwyr. Hwyrach mai'r ddeubeth amdano a neidia gyntaf i'r cof yw'r darlun ohono'n golchi'i ddwylo ganol nos o'i gyfrifoldeb, a'i gwestiwn i Iesu, Beth yw gwirionedd? Mae'n gwestiwn da ond mae'n anodd gwybod beth i'w wneud ohono. Jôc oedd, ebe Francis Bacon. ' "What is truth?" said jesting Pilate, and would not stay for an answer.' Beth petai wedi aros?

Y canlyniad o wreiddio croes Iesu mewn hanes yw, nad damcaniaeth am ddioddefaint sy gan yr Eglwys ond cyhoeddiad, bod un na chaed twyll yn ei enau wedi dioddef a marw ar adeg neilltuol ac mewn man arbennig. Golgotha oedd y fan – lle'r benglog, lle'r Cranion yn y Roeg ac yn y Fwlgat Calfaria. Dyna'r gair fwy nag un sy'n mynd at galon y Cymry greda i – Calfaria. Wedi sefydlu'r dioddefaint mewn lle ac amser, â Cristnogion ymlaen i dystio bod Iesu wedi dioddef yn y fath fodd, heb ddigter na dial, fel bod ei ddilynwyr yn dal i ryfeddu at ei gariad a llawenhau yn ei fuddugoliaeth. Gwyddant o'r gorau nad hawddfyd a addawyd iddynt hwythau chwaith, ond codi pob un ei groes a'i ddilyn. Wrth fynd i mewn i gymdeithas ei ddioddefiadau ac i gysegr ei boen, cânt deimlo hefyd rym ei atgyfodiad. Dyna'u cred a'u profiad. Neu fel y dywedodd Paul wrth y Rhufeiniaid a oedd mor gryf i goncro, ânt yn fwy na choncwerwyr drwy'r hwn a'u carodd. Bûm mor ffodus ag adnabod cynifer o dan loes a gwendid mawr, a oedd yn fwy na choncwerwyr.

Nid esboniad ar broblem dioddefaint sydd gennym. Erys honno i'n hwynebu a'n poenydio'n dragwyddol. Ond wrth ddweud bod Iesu Grist wedi dioddef a marw o dan Pontius Pilat, addefwn o leiaf nad tu allan i'n dioddefaint y gwelwn Dduw mwyach, ond o'i fewn a gyda ni. Fel mam a thad yn nioddefaint eu plentyn.

Yn stori'r tri llanc yn y ffwrn dân yn Llyfr Daniel mae'r brenin yn gofyn yn syn 'Onid tri dyn a daflwyd gennym yn rhwym i ganol y tân?' Ie tri, medde'r cynghorwyr i gyd. Ond methu deall oedd y brenin pam roedd pedwar i'w gweld yn rhodio'n rhydd yn y fflamau.

DAU ENW

Beth sy mewn enw? Dim byd yn ôl Shakespeare yn Romeo and Juliet. Byddai rhosyn dan unrhyw enw arall mor bêr ei sawr, ebe ef. Ond mae rhywbeth mewn enw ac mae'r ddau enw Pasg ac Easter yn profi'r pwynt i'r dim. Mae byd o wahaniaeth rhwng eu hystyr, ond cyfoethoga'r naill y llall yn enfawr.

Yn ôl pob tebyg cefndir pell y Pasg yw ffald a ffarm. Yn nhymor ŵyna a symud i borfeydd newydd arferai bugeiliaid ladd oen a'i offrymu'n aberth er sicrhau bendith ar y diadelloedd. A chymerai'r ffermwyr flaenffrwyth yr ŷd a'i falu'n ddi-oed a'i grasu'n ddi-lefain er mwyn awchu ffresni ei flas. Dyna roi oen a bara croyw yn y darlun ar unwaith. Nes ymlaen cysylltwyd y ddeubeth â hanes gwaredigaeth yr Iddewon o gaethiwed yr Aifft. Y gair Hebraeg Pesach a gyfieithwyd i'r Roeg Pascha a roes i ni drwy'r Lladin y gair Pasg. Ei ystyr gwreiddiol yw mynd heibio neu arbed, a dwg ar gof yr hanes am yr angel dinistriol yn mynd heibio i dai'r Iddewon yr oedd eu pyst a'u capanau wedi'u taenu â gwaed oen. Y noson honno dywedir i'r Israeliaid ddianc mor ddisymwth fel nad oedd amser i ddisgwyl i'r toes godi at bobi bara. Felly bara di-lefain oedd yr unig beth amdani.

Cefndir digwyddiad mewn hanes sydd i'r oen a'r bara croyw'n awr, a'r cefndir hanesyddol hwnnw sydd i Basg yr Iddewon o hyd. Fe'i dethlir ganddynt rhagor unman arall yng nghylch clós y teulu. A'r ford wedi'i hulio â chig oen, bara croyw a gwin, past almon a llysiau chwerw, cyflwynant o'r newydd chwerwder y gorthrwm a rhyfeddod y waredigaeth a ddaeth i'w rhan. Wrth baratoi'r Pasg mae gofyn iddynt o hyd gael gwared llwyr o bob mymryn o lefain o'u tai, rhag iddynt adael dros gof y bara croyw (neu'r bara cystudd fel y'i gelwir) a bobwyd ar gymaint brys yng ngwewyr y dianc o'r Aifft. Mae apêl arbennig yn hanes y waredigaeth gynt i bawb sy dan orthrymder, ac nid yw'n syndod yn y byd iddo roi gobaith o'r newydd i gynifer a amddifadwyd o'u rhyddid a'u hurddas. Ac nid gobaith yn unig ond nerth yn ogystal i godi a sefyll dros eu hiawnderau.

Hen Basg yr Iddewon yw cefndir ein Pasg ni hefyd. Daw'r oen a'r bara croyw'n fyw i ninnau, a'r ymdeimlad o waredigaeth. Crist ein Pasg ni a aberthwyd drosom, ebe Paul. Ef yw'r oen di-fai a di-nam a'n prynodd i ryddid, medd Pedr. Teilwng yw'r Oen a laddwyd, medd Datguddiad Ioan. A chan gofio'r Iddewon yn sgubo'u tai'n lân o bob hen lefain (a oedd yn arwydd o lygredd hefyd gan mai toes wedi suro oedd) gwelwn ystyr geiriau Paul, ein bod i ddathlu'r Pasg 'nid â hen lefain, nac â lefain malais a drygioni, ond â bara croyw purdeb a gwirionedd.' A beth am y Swper Olaf? Bu llawer o ddadlau ai bwyta'r Pasg ai peidio a wnaeth Iesu a'i ddisgyblion yn yr oruwchystafell. Does dim sôn am oen yn rhyfedd iawn yn hanes y swper. Ond does dim dadl o gwbwl nad yn awyrgylch dathlu'r waredigaeth o'r Aifft y cymerodd y pryd le. 'Pan ddaeth Israel allan o'r Aifft' oedd testun eu cân ar eu ffordd i Gethsemane.

Dathlu buddugoliaeth a wnawn ar Ŵyl y Pasg. Er mwyn gwneud hyn y mae'n bwysig inni weld y cyswllt hanfodol a'r undod sydd rhwng bywyd a marwolaeth ac atgyfodiad Iesu Grist. Maent fel ei wisg ddiwnïad wedi ei gweu o'r pen yn un darn, y bu'r milwyr wrth y groes yn gamblo amdani. Mae'n hymdeimlad ni o'n gwaredigaeth o gaethiwed wedi'i wreiddio yn y tri pheth. Y mae cysondeb llawn rhyngddynt, Safant fel triongl. Ni ellir anwybyddu'r un ohonynt wrth ddathlu bod Iesu wedi cario'r dydd. Â ei goncwest ymhellach na dweud y gyffredinol bod goleuni wedi ennill y dydd ar dywyllwch, gwirionedd ar gelwydd, a chariad ar ddigter. Myn hefyd nad gan farwolaeth a'r bedd y mae'r gair olaf, Diwedd pennod nid diwedd llyfr yw'n tranc, er na allwn ddirnad o fewn ffiniau lle ac amser, sut benodau. sy'n eto'n ôl. Symudwyd y garreg drom o enau'r bedd, a threchwyd brenin braw. Haleliwia yw gair mawr y Pasg.

Yn awr am y gair arall, ac Easter yw hwnnw. O'r Almaeneg Eoster y daeth i'r Saesneg. Eoster oedd yr enw Almaenig ar dduwies y gwanwyn. Rydym ar unwaith mewn byd arall. Nid hanes yw'r cefndir yn awr ond bwrlwm gwanwyn wedi hirlwm gaeaf. Yn ein rhan ni o'r byd dethlir buddugoliaeth Iesu Grist yn nhymor hyfryd blagur a blodau, brefu ŵyn bach a nythu adar. Byddem yn dathlu'r ŵyl wrth gwrs petai'n disgyn ar ganol gaeaf. Ond mae'r ddau'n cydfynd rywsut, y Pasg a'r gwanwyn, a theimlwn bod gwisgo'n heglwysi â holl harddwch natur yn cydweddu'n hapus â'r neges fod Iesu wedi atgyfodi, ac yn help i ni i'w ddeall.

Sut mae'n help i ni i'w ddeall? Mewn tair ffordd. Yn un peth tystia'n gyson i'r egwyddor 'mai marw i fyw mae'r haf o hyd.' Byw drwy farw (nid er ei waethaf) sydd wrth fôn y greadigaeth. Dyma'r egwyddor a eglurodd Iesu wrth ddweud mai aros ei hun a wna'r gronyn gwenith oni syrth i'r ddaear a marw. 'Ond os yw'n marw y mae'n dwyn llawer o ffrwyth.' Defnyddiodd Paul yr un gyffelybiaeth wrth ateb amheuon pobl Corinth ynglŷn ag atgyfodiad y corff – cysyniad a oedd yn gwbwl estron iddynt. Roeddynt am wybod pa fodd y cyfodid y meirw ac â pha ryw gorff y deuent. A dyma Paul yn ateb, 'Beth am yr had yr wyt ti yn ei hau? Ni roddir bywyd iddo heb iddo farw yn gyntaf.' Ymestyn yr un egwyddor o fyd natur at ansawdd bywyd yn gyffredinol, oherwydd yr un, ebe Iesu, a gyll ei fywyd (sy ddim yn rhoi'i hun gyntaf o hyd) a'i caiff, a'r un a'i ceidw a'i cyll. Heb fenter hau a marw'r had, nid oes cynhaeaf mewn unrhyw faes. Pan oedd Crist yn marw ar y groes, dyna pryd syrthiai'r gronyn gwenith glân i'r ddaear i ddwyn ffrwyth lawer.

Wedyn mae'n un mor wir bod cysylltiad hanfodol rhwng yr had sy'n marw a'r ffrwyth a dyf allan ohono. Rhydd Duw i bob hedyn ei gorff ei hun, medd Paul. a gallwn ychwanegu y bydd y cynhaeaf a ddaw ohono yn unol â'r hunaniaeth a berthyn iddo. Os gwenith a hauaf, gwenith a gaf, nid barlys; os tatws, tatws, os moron, moron, os chwyn, chwyn. Nid yw'r corff a fydd heb gyswllt â'r corff a fu. Mae'r un peth yn wir am yr atgyfodiad. Y Crist a fu farw oedd y Crist a gyfodwyd, nid rhywun arall. Er iddo gael ei drawsnewid, yr un un oedd. Adfer eu hen berthynas ag ef (er mewn modd gwahanol) oedd gorfoledd penna'r Pasg i'w ddisgyblion. Darganfod na chollasai ôl yr hoelion. Mae'r corff yn arwydd eglur o'n hunaniaeth, ac un o wersi pwysicaf y ddysgeidiaeth am atgyfodiad y corff yw y bydd ein hunaniaeth yn parhau yn dragywydd.

Wedi dweud hynny, rhaid cofio un peth arall, sef bod tyfiant pob gwanwyn a llawnder pob hydref yn newydd sbon. Newydd yr egin a'r blagur, newydd yr ŷd a'r ffrwyth. Gwelwyd rhai tebyg wrth gwrs yn y blynyddoedd a fu, ond nid y rhain. Creadigaeth newydd ydynt. Ni ddarfu am eiliad y wyrth o greu. Gallwn synied yn yr un ffordd am yr atgyfodiad. Perthyn i'r greadigaeth newydd yng Nghrist y mae, sydd eisoes ar waith. Cawsom eisoes flas ei gwanwyn a gweld ei gwawr. Camgymeriad yw meddwl am yr atgyfodiad fel rhywbeth a ddigwyddodd amser maith yn ôl neu sydd i ddigwydd amser maith ymlaen ac anwybyddu ei rym y funud hon. Myfi *yw'r* atgyfodiad a'r bywyd, ebe Iesu. A mynd yn ôl at natur eto, disgrifia Paul atgyfodiad Iesu fel blaenffrwyth y cynhaeaf. Cawsom yn barod brofi hwnnw. Mae'r cyflawnder i ddod.

Af i'r llan ar fore'r Pasg, a'r haul newydd godi. Gan hardded ei gwisg dan irddail a blodau, mae'n wefr bod ynddi. Dynesaf at yr allor dan ei lliain gwyn a'i dwy gannwyll wen yn olau. Tu cefn iddi seinia lilïau'r Pasg eu hutgyrn yn soniarus. Allor yr aberth yw hi – yr aberth ar y groes a seliwyd yn ogoneddus gan fuddugoliaeth y trydydd dydd. Gwelaf ddeubeth ar yr un pryd a gyda'i gilydd – yr aberth yn ffrâm prydferthwch, yr hanes yn ffrâm gwanwyn. Aeth y Pasg ac Easter yn un.

TERRY WAITE

Pan glywai gri y gwystlon llwyd o bell
Brasgamai ar eu rhan dros dir a môr,
Gan gynnau cannwyll gobaith yn eu cell
Y doi ymwared ebrwydd at eu dôr.
I'r ddinas deg, a chwalwyd faen ar faen
Yn enw Duw gan lid credinwyr ffôl,
Ar hynt ddiaros cymod aeth ymlaen,
Yn ddibris o'r dichellion oedd o'i ôl.
I'w garchar du ni ddoi un awel bur
I leddfu'i ofid unig dan ei loes,
Ond cryfach oedd ei gred na'r gadwyn ddur
Y torrai gwawr 'rôl hirnos drom y groes.
Newyddion braf a ddaeth un bore ddydd
Bod cawr y carcharorion oll, yn rhydd.

Y DYCHWEL

'Esgynnodd i'r nef,' medd Credo Nicea. 'Ac esgynnodd i'r nefoedd, medd Credo'r Apostolion. Am Iesu'n cael ei ddyrchafu y maent yn sôn. Newydd ddweud y mae'r naill bod Iesu wedi disgyn o'r nefoedd pan wnaethpwyd y Gair yn gnawd, a newydd ddweud y mae'r llall bod Iesu wedi disgyn dan y byd i drigfan y meirw ar ôl iddo farw ar y groes. Cyferbynnir y disgyn a'r esgyn. Yr un a ddisgynnodd yw'r un a esgynnodd. Yr un a'i darostyngodd ei hun a ddyrchafwyd, Yr un a fu'n ffyddlon hyd angau a anrhydeddwyd. Yr un a wisgodd y goron ddrain sy'n gwisgo coron brenin. Mae'r cylch yn gyfan.

Difiau Dyrchafael. deugain diwrnod ar ôl y Pasg, y bydd yr Eglwys yn cofio am esgyniad Iesu. Mae'r ffigwr deugain yn un cyfarwydd iawn yn y Beibl – deugain dydd a deugain mlynedd – er mai cyfnod amhenodol a gyflea mewn gwirionedd. Bu Moses yn y mynydd ddeugain dydd a deugain nos, a phrofwyd Iesu yn yr anialwch am gyfnod cyffelyb. 'Deugain diwrnod eto,' ebe Jona 'a Ninefe a gwympir.' Awdur Actau'r Apostolion (Luc mae'n debyg) sy'n tystio bod Iesu wedi dangos ei hun i'w ddilynwyr yn ystod deugain diwrnod 'a llefaru am deyrnas Dduw.' Yr awgrym yn efengyl Ioan yw bod atgyfodiad ac esgyniad Iesu ac anadlu'r Ysbryd Glân ar y disgyblion wedi digwydd ar yr un diwrnod, y dydd cyntaf o'r wythnos. Gallwn ddeall pam gan fod y tri pheth mor glwm wrth ei gilydd. Y fantais o amserlen Luc yw rhoi egwyl i hoelio sylw ar yr esgyniad, a chyfle inni baratoi at y Pentecost.

Luc yn unig yn ei efengyl a'r Actau sy'n rhoi disgrifiad o'r esgyniad. Nid yw Mathew'n ei grybwyll, er iddo gofnodi neges olaf nodedig Iesu i'w ddisgyblion a'i addewid y byddai gyda hwy bob amser hyd ddiwedd y byd. Nid yw Marc chwaith yn gwneud sylw o'r peth ar wahân i'r atodiad, sy ddim yn rhan ddilys o'i efengyl. Ond mae Luc yn gosod golygfa a chreu darlun o Iesu'n arwain ei ddisgyblion i gyffiniau Bethania ar Fynydd yr Olewydd. Cododd ei ddwylo i'w bendithio. Wrth iddo eu bendithio ymadawodd â hwy, a chipiodd cwmwl ef o'u golwg. A hwythau'n dal i syllu tua'r nef, safodd dau ddyn mewn dillad gwyn yn eu hymyl a gofyn iddynt pam yr oeddynt yn sefyll i edrych tua'r nef. Byddai'r un Iesu a gymerwyd i fyny oddi wrthynt yn dod drachefn yr un modd ag yr aeth. Dychwelodd y disgyblion i Jerwsalem yn llon eu gwedd, gyda siars Iesu'n seinio fel cloch yn eu clustiau, eu bod i aros yn y ddinas a disgwyl, nes iddynt dderbyn y nerth o'r uchelder.

Mae'r darlun yn llawn arwyddocâd. Gwêl y Beibl mewn mynydd gadernid a grym yr Arglwydd, a'i gopa uwchben y byd yn briod le i gyfarfod â Duw. Roedd Mynydd yr Olewydd yn arbennig o bwysig, oherwydd y darogan y byddai Duw yn gosod ei draed arno rhyw ddydd i ymladd dros Jerwsalem a'i gwaredu rhag ei gelynion. Mae cwmwl hefyd yn arwydd o bresenoldeb a dirgelwch Duw, yn enwedig cwmwl ar ben mynydd, 'Cymylau a thywyllwch sydd o'i amgylch ef.' Ar fynydd y Gweddnewidiad daeth cwmwl golau i gysgodi dros Iesu, a daeth llais o'r cwmwl, oherwydd nid gwag mohono, 'Hwn yw fy mab, yr Anwylyd.' Atgofir ni gan y disgyblion yn syllu tua'r nef o Eliseus yn syllu ar Elias yn esgyn mewn corwynt, ac o addewid y proffwyd y câi ei was ddeuparth o'i ysbryd pe llwyddai i'w weld yn diflannu fry, ac fe'i gwelodd. Canfu'r disgyblion hwythau Iesu'n mynd i fyny, cyn troi am adref i ddisgwyl a derbyn yr Ysbryd.

Mae'r darlun yn un hyfryd a gall rhai ei gredu'n llythrennol. Ond nid man yr esgyniad na'r disgrifiad o'r dyrchafael sy'n bwysig ond yr ystyr y maent yn allwedd iddo. Pa fodd arall ond mewn dychymyg a pheintio darlun y mae cyfleu gwirionedd sy tu hwnt i eiriau? Y gwirionedd a ddysgir gan Luc yw bod cyfnod yr ymddangosiadau drosodd a bod Iesu wedi darfod â bod yn y byd o fewn ffiniau cyfyng lle ac amser, a'i fod yn awr wedi mynd at y Tad ac i'r tragwyddoldeb mawr, dim i ddychwelyd yn weledig mwy nes dod drachefn mewn gogoniant i farnu byw a meirw. Mae'n ddiwedd pennod gynhyrfus dros ben. Ond os oedd un pennod yn darfod, roedd un arall ar ddechrau. Pennod y tystio am Iesu oedd honno, gan ddechrau gartref yn Jerwsalem ac yna estyn hyd eithafoedd y ddaear. Deil honno i gael ei hysgrifennu. Yn ôl un stori a glywais o bulpud lawer gwaith, bu gorfoledd hir ymhlith yr angylion a'r archangylion a holl gwmpeini nef pan ddychwelodd Iesu i'r nefoedd. Ond fel 'roedd pethau'n tawelu gofynnodd Gabriel i'r concwerwr mawr pwy oedd yn mynd i barhau ei waith yn y byd. Atebodd yntau ei fod wedi dewis ychydig ddynion i'r diben hwnnw. 'A beth petai'r rheini'n methu?' ebe'r angel. 'Yna nid oes gennyf unrhyw gynllun arall,' oedd yr ateb.

Beth mwy sydd i'w ddweud am yr un a esgynnodd? Myn Credo

Nicea a Chredo'r Apostolion ychwanegu ei fod yn awr yn eistedd ar ddeheulaw'r Tad. Dyma ddarlun cyfarwydd arall o lys brenin yn y dwyrain, y teyrn yn eistedd ar ei orsedd a'i brif weinidog (Y Prif Fisir) yn eistedd ar ei law dde. Iesu ar yr orsedd yn rhannu gyda Duw ei hun bob awdurdod a nerth – dyna a gyfleir. Dyma'r un y rhoddwyd iddo enw goruwch pob enw, fel y plygai pob glin iddo, a'i gyffesu'n Arglwydd. Dyma'r Crist cosmig y cafodd Paul weledigaeth aruchel ohono, a holl bwerau nef a daear wedi eu darostwng iddo. Dyma'r un y canodd Williams Pantycelyn amdano ei fod yn 'llawer mwy na'r byd'. Am hwn y defnyddiodd Titus Lewis yr ansoddair "Mawr" bedair gwaith ar ddeg yn ei emyn gogoneddus, gan ddechrau'n ôl yn nhragwyddoldeb a darfod gyda

> Mawr yw ef yn y nef
> Ar ei orsedd gadarn gref.

Mae'r beirdd yn rhagori ar y duwinyddion wrth ddarlunio mawredd y Crist. Ac yntau wedi esgyn, argyhoeddiad ei ddilynwyr oedd (ac yw) iddo fynd i baratoi lle iddynt, a'i fod yn eiriol drostynt 'ar sail ei aberth drud.' Mewn modd cyfriniol, oni chawsant hwythau'n barod eu dyrchafu gydag ef? Ef yw'r un a gyhoeddwn yn deilwng o'r clod a'r mawl a'r parch a'r bri, ac y canwn amdano gyda hwyl 'Coronwch ef yn ben.' Ond haws yw canu am y goron nac aros i feddwl a phenderfynu beth mae'n olygu bod yn ddeiliad i'r fath frenin, ac yn ddinesydd o'r fath deyrnas.

Bûm yn sôn am Iesu'n dychwelyd gyda 'mawr fuddugoliaeth i'w orsedd yn y nef.' Mae'n olygfa ysblennydd, ond nid yw'n gyfan. Mae eisiau un cyffyrddiad celfydd i'w chwblhau, a chan Saunders Lewis y ceir hwnnw. Yn 'Difiau Dyrchafael' mae'n gofyn beth sy'n mynd ymlaen ar fore o Fai ar y bronnydd, a disgrifio'n gynnil wedyn degwch offeren natur. Ond ar ddydd y Dyrchafael mae rhywbeth mwy nodedig eto i bobl edrych arno, a gwysia'r bardd hwy i ddod allan yn y bore bach o'r tai cyngor i weld

> 'Codi o'r ddaear afrlladen ddifrycheulyd,
> A'r Tad yn cusanu'r Mab yn y gwlith gwyn.'

Dau ddisgrifiad gwefreiddiol o burdeb y Mab ac anwyldeb y Tad. Mae'r darlun yn gyflawn.

ANADL EINIOES

Ym mlwyddyn yr Eglwys pery gorfoledd y Pasg drwy'r Dyrchafael at y Pentecost – gŵyl y tân a'r gwynt a'r anadl. Ym mis Mai gan amlaf y dethlir honno ac yn fframwaith gogoniant haf y gosodir hi. Mae iddi hithau hefyd ogoniant i gyfateb – ehangder, dyfnder, a bwrlwm bywyd.

Mae dau enw ar yr ŵyl hon eto, sef y Pentecost a'r Sulgwyn, a'r ddau'n cyfleu gwahanol ystyron. Pentecost yw'r enw hynaf o bell ffordd. Gair Groeg yw hwnnw sy'n golygu degfed a deugain, a dyna'r enw a roes y Groegiaid ar yr ŵyl a gadwai'r Iddewon saith wythnos ar ôl y Pasg. Pwrpas honno ar y dechrau oedd diolch am y cynhaeaf, ond datblygodd i fod yn achlysur diolch hefyd am y Gyfraith a dderbyniodd Moses oddi ar law Duw ar Sinai. Roedd yn ŵyl boblogaidd dros ben, a chyda'r tywydd yn well nag ar adeg y Pasg, heidiai'r Iddewon ar Wasgar dros dir a môr yn llu mawr iawn i Jerwsalem i'w dathlu. Disgrifia awdur Actau'r Apostolion gyda blas gymysgedd rhyfeddol y cwmni – Parthiaid a Mediaid ac Elamitiaid, a thrigolion Mesopotamia, Jwdea a Chapadocia, Pontus ac Asia, Phrygia a Pamffylia, yr Aifft a pharthau Libya tua Chyrene, a'r ymwelwyr o Rufain, yn Iddewon a phrosyletiaid, Cretiaid ac Arabiaid. Gadewir inni ddychmygu amrywiaeth eu lliw a'u llun, a llif eu parablu brwd. I mewn i'r hen ŵyl hon yr impiwyd ein Pentecost ni, a gedwir fel y dathliad Iddewig hanner can diwrnod wedi'r Pasg a deg wedi Difiau Dyrchafael.

Dathlu profiad ysgytwol dilynwyr cyntaf Crist a wna Cristnogion ar y Pentecost. Tybiai rhai o weld y fath gynnwrf yn eu plith eu bod wedi meddwi, nes cododd Pedr ei lais i ddwaud mai dim ond naw o'r gloch y bore oedd hi – rhy gynnar i fynd ar sbri! Yr esboniad oedd bod yr Ysbryd Glân wedi dod arnynt oddi fry. Daethai megis gwynt nerthol yn rhuthro, ac fel tafodau o dân yn hollti, ac yn eistedd ar ben pob un o'r cwmni bach. Y syniad o fflamau tân sy'n cyfrif mai mewn coch y gwisgir eglwys ar y Pentecost. Dywedir hefyd bod y disgyblion wedi dechrau siarad mewn tafodau dieithr o dan ddylanwad yr Ysbryd – ffenomenon a all ddigwydd o hyd pan fydd pobl o dan deimlad ysbrydol dwys, fel ar adeg diwygiad. Ar adegau felly addefir bod adnoddau iaith gyffredin yn rhy brin i fynegi'r profiadau sy tu hwnt i'r byd. Y syndod ar y Pentecost oedd bod pawb yn deall ei gilydd o ba wlad bynnag y delent ac er mor od oedd eu lleferydd. Mae arwyddocâd hyn yng nghlwm siŵr o fod wrth stori Tŵr Babel yn y Beibl. Yn ôl honno, cymysgwyd yr ieithoedd fel cosb am falchder pobl yn mynnu codi tŵr cyfuwch â'r nefoedd. 'Gwnawn i ni enw', meddent. Ond yn awr ar y Pentecost, a'r Ysbryd Glân wedi dod, a balchder wedi'i ddisodli gan glod yn y galon i fawredd Duw, roeddynt yn deall ei gilydd fel cynt. Roedd dryswch y tŵr wedi'i ddatrys.

Yr enw arall ar y Pentecost yw Sulgwyn. Mae'n hen air ac fe'i ceir yng nghyfreithiau Hywel Dda, mil a mwy o flynyddoedd yn ôl. Cyfeiria'r 'gwyn' at ddillad gwynion bedydd. Yn ne Ewrob lle mae'r hinsawdd yn gynnes, y Pasg oedd yr amser priodol i weinyddu bedydd, ond yn y gogledd oerach y Pentecost aeth â hi. Arwydd yw dillad gwyn bedydd o lendid a llawenydd y bywyd newydd pan wneir rhywun yn aelod o'r Eglwys ac y'i plennir yn y Ffydd. Mae'n ddiddorol bod gorymdeithio mewn dillad gwynion ar y Sulgwyn yn boblogaidd o hyd mewn rhai mannau. Mae'n rhywbeth sy'n mynd 'nôl ymhell.

Daeth yr ysbryd megis gwynt nerthol yn rhuthro. Rwy'n hoff o'r disgrifiad. Mae grym arswydus mewn gwynt ac yn y Beibl arwydda nerth Duw, sy'n ei gasglu yn ei ddwrn ac yn ei ddwyn allan o'i drysorfa. Eisoes mae miloedd o felinau'n canu yn y gwynt ar drumiau Cymru, a'u hesgyll mawr yn troi'n eu hunfan ddydd a nos, weithiau'n ddiog ac weithiau'n chwim. Cynhyrchu trydan rhad yw eu pwrpas, medde nhw – defnyddio un grym cudd i gynhyrchu grym cudd arall. Does dim yn newydd yn y syniad o ddefnyddio grym y gwynt i droi rhod a'i ddal mewn llafn a hwyl. Bu'n cyndeidiau'n malu ŷd â melin wynt.

Ond rhaid peidio â meddwl mai dim ond mewn storm y daw'r Ysbryd. I Elias y proffwyd, nid yn y gwynt na'r daergryn na'r tân yr oedd Duw ond yn y llef ddistaw fain. Gwynt yw anadl hefyd. Gall honno fod mor ddistaw ag awel ysgafna'r haf. Ond lle bo anadl mae bywyd. Mae popeth byw'n anadlu'n gyson i mewn ac allan ddydd a nos o'r eilad gyntaf hyd yr olaf. Anadl einioes yw, ac ni dderfydd y ddrama nes derfydd hi. Mae'r Ysbryd yn yr awel fel yn y storm, mewn cannwyll olau dawel fel mewn tafod tân. Gellir anadlu bywyd yn llythrennol i mewn i rywun sydd ar dranc. Dywed y Beibl bod Duw wedi llunio dyn o bridd y ddaear ac anadlu anadl einioes i'w ffroenau, a'i wneud yn greadur byw. Mewn ffordd o siarad, dyna yw ysbrydoliaeth hefyd. Caiff rhyw ysgogiad annisgwyl ei anadlu i mewn i ni a rhoi inni'r ddawn a'r rhyddid i greu. Cymaint rhagorach yw pan ddaw na'n holl ymlafnio caled ni, er bod hwnnw wrth gwrs yn hwyluso'i ffordd. Anaml yr ysbrydolir pobol ddiog. Os cofiai'r Iddewon ar y Pentecost am y Gyfraith y torrwyd eu llythrennau ar gerrig yng nghanol fflachiadau mellt a sŵn taran, gwyddent fel ninnau mai ar y tu allan yr erys oni ysgrifennir hi hefyd ar y galon. Yr Ysbryd yw'r ysgrifennwr ar y galon. Ni chlywir ei ysgrifbin.

Mae'r gwynt yn chwythu lle mynno. Ni ŵyr neb o ble y daw na ble'r â. Ni ellir ei weld ganol dydd mwy na chanol nos, dim ond ei glywed yn curo'r cangau neu chwarae yn y dail, a'i deimlo ar yr wyneb fel chwthwm neu fel chwa. Mae'n rhydd i fynd a dod fel gwennol, i esgyn a disgyn fel ehedydd. Yn yr un modd, rhyddid dilyfethair yr Ysbryd yw ymffrost y Pentecost. Er i'r Eglwys ei galw'i hun yn gymdeithas yr Ysbryd Glân gan ddathlu'r ŵyl yn llawen fel ei gŵyl arbennig hi – ei phenblwydd yn wir – ni hawliodd erioed na fedr yr Ysbryd weithio tu allan i'w ffiniau, Ac er iddi erfyn yn daer am i'r awel ddod, a honno'n awel gref, i lenwi'r hwyliau llipa a rhoi bywyd yn ei hesgyrn sych, cyfeddyf y gall yr Ysbryd weithio'n annisgwyl mewn cylchoedd eraill a diarth. Yn wir, rhaid edrych ar brydiau am arwyddion o fywyd a thyfiant tu allan i'r Eglwys yn hytrach na thu mewn. Ond ni ddigwydd byth nad oes rhywbeth newydd yn tarddu o hyd yn rhywle, a rhyfeddol yw'r amrywiaeth.

Ymhyfryda'r Beibl yn yr amrywiaeth. Mae'n hapus i addef mai ysbryd Duw oedd yn hofran dros y dyfnder pan grewyd y byd. Ef, a fu'n cysgodi dros Fair Fendigaid, a ddisgynnodd hefyd ar Iesu adeg ei fedydd fel colomen. Ef sy'n cynnal pob creadur mewn bywyd, ac yn adnewyddu wyneb y ddaear fel glaw wedi sychter. Ef sy'n rhoi i grefftwr ei fedr, i farnwr ei bwyll, ac i broffwyd ei air. Ef yw anadl einioes pob daioni a cheinder. Dywedir yn y Beibl am ddyn o'r enw Besalel i Dduw ei lenwi â'i ysbryd, â doethineb a deall a phob rhyw ddawn. I beth? 'Er mwyn iddo ddyfeisio patrymau cywrain i'w gweithio mewn aur arian a phres, a thorri meini i'w gosod, a cherfio pren, a gwneud pob cywreinwaith.' Dywedaf finnau mai ef a rydd i feirdd a llenorion eu sbardun ac i arlunwyr a chyfansoddwyr eu dawn. Amlochredd ac ehangder gwaith yr Ysbryd sy'n rhoi i'r Pentecost ei gyfoeth, ac i'r Sulgwyn ei orfoledd.

Mor rhagorol yw cyfanrwydd gwaith yr Ysbryd fel na sonia Paul am ei ffrwythau ond am ei ffrwyth. Fel petai cariad a llawenydd a hirymaros a'r holl rinweddau eraill yn cydio wrth ei gilydd fel un swp o rawnwin, pêr ei flas. Gwahanol iawn yw ffrwythau amrwd ein natur wael ni. Ar wasgar y mae'r rheini ac yn benben o hyd; rhannu a rhwygo yw eu helfen. Dod â Christ yn fyw inni y mae'r Ysbryd a'i lunio o'n mewn yn ei lendid a'i harddwch. Ei gamp yw creu cymdeithas a gosod yr unig mewn teulu.

Na nid gŵyl yr Eglwys yn unig yw'r Pentecost. Mae'i ffiniau'n rhy gyfyng. 'Ysbryd yr Arglwydd a lanwodd y ddaear!'

EMYN I DYSILIO

(A sefydlodd gell ar lan y Fenai)

Molwn, Arglwydd, Sant Tysilio
Ufudd was dy deyrnas di;
Er ei mwyn yng nglas ei ddyddiau
Cefnodd ar y byd a'i fri;
Troes o wagedd rhwysg a rhyfel –
Cerddodd lwybyr Calfari.

Naws y greadigaeth newydd
Ddaeth i'n glannau drwyddo ef,
Ac o'i gell goleuni dreiddiodd
Fel pelydryn haul o'r nef;
Llifodd ymchwydd cryf y Deyrnas
Megis llanw'r Fenai gref.

Yn ei eglwys ar yr ynys
Pery atsain mawl o hyd,
Wedi'r oesoedd, daw'r ffyddloniaid
Megis cynt yn deulu clyd;
Ac o fewn ei muriau cadarn
Hedd a gânt nas gŵyr y byd

TRI YN UN

Ar y cyntaf, fel y gweddai i grwt ffarm, nid oedd y Drindod aruchel ond meillionen fach i mi. Un feillionen, tair deilen. 'Dyna ti'r Drindod', meddai mam lawer gwaith drosodd yn yr hafau hir, wrth dynnu un ac aros i'w dangos. Roedd ganddi lygad da am feillion pedair a phump deilen hefyd, ond pan ofynnwn am ystyr y rheini 'Twsh, dod â lwc i ti ma mhw', oedd yr ateb aneglur. Ar ôl y feillionen daeth y beic tair olwyn, a'r triongl, a gwlybaniaeth ar ffurf dŵr, rhew, ac ager, i esbonio'r dirgelwch. A'r cyfan yn reit naturiol, oherwydd mae llawer o bethau mewn byd a betws yn tueddu i redeg mewn trioedd, a'r rheini'n cael eu clymu'n un.

Pan ddechreuais fynd i'r eglwys a'r Ysgol Sul roedd y Drindod yno hefyd, ond yn awr ar ffurf anweledig. Yno y dysgais roi gogoniant i'r Tad a'r Mab a'r Ysbryd Glân sawlgwaith o fewn awr. Roedd rhaid dysgu'r Catecism yn drwyadl o un pen i'r llall a mynnai hwnnw imi gredu 'yn Nuw Dad a'm gwnaeth i a'r holl fyd, yn Nuw Fab a'm prynodd i a phob rhyw ddyn, ac yn yr Ysbryd Glân sydd yn fy sancteiddio i a holl etholedig bobl Dduw. 'Dysgu fel parot wrth gwrs fel y tablau yn yr ysgol. Ond mae'r cyfan wedi aros gyda mi. Mae rhai'n dal mai oes yr amnesia yw'r oes hon, oherwydd bod dysgu ar gof wedi mynd allan ohoni. Sut bynnag, roedd y Drindod yn y cae gwair fel yn y llan. Roedd yn yr ysgol hefyd ar derfyn dydd, Gras ein Harglwydd Iesu Grist . . . Nid oedd dianc rhagddi.

Bu tipyn o ffrwgwd yng Ngholeg Llambed pan oeddwn i yno ynglŷn â'r Drindod. Dyna pryd y dysgais sut roedd rhai o benaethiaid y coleg yn caru'i gilydd. Roedd Edwin Morris (a gyfenwid Ted) yr athro mewn diwinyddiaeth, yn aelod blaenllaw o Gyngor y dref, a doedd dim o'i le yn hynny. Ond digwyddodd un flwyddyn mai gweinidog gyda'r Undodiaid oedd y Maer. Roedd yn naturiol felly i wasanaeth y Maer gael ei gynnal yng nghapel yr Undodiaid, ac aeth Ted yno gyda'r cynghorwyr eraill. Fel mae'n digwydd aeth fy nghyfaill John Pugh a minnau yno hefyd. Roeddym yn lletya ar bwys y capel, ac aethom yno o chwilfrydedd yn fwy na dim. Roedd y lle'n orlawn ac aeth popeth o'r gorau. Y Sul dilynol yng Nghapel y Coleg dyma'r Athro W. H. Harris (a gyfenwid Pa Bil) yn gofyn i bawb sefyll ac adrodd Credo St. Athanasios o'r Llyfr Gweddi – credo maith (neu gantigl yn hytrach) sy'n diffinio'n fanwl beth yw'r Ffydd Gatholig, sef ein bod i 'addoli'r un Duw yn Drindod a'r Drindod yn Undod, heb gymysgu'r Personau (hynny yw colli gafael ar y Tri) na gwahanu'r Sylwedd (a difetha'r Un). Roedd yr awyrgylch yn drydanol, oherwydd roedd pawb yn sylweddoli erbyn hyn mai diben adrodd y Credo oedd rhoi ergyd i Ted, a'i geryddu am fynd i addoli yng Nghapel Brondeifi, a godwyd i arddel nid y Tri yn Un ond yr Un yn unig. Mae'r hanes i gyd a'r annifyrrwch a ddilynodd yn y cofiant swyddogol i'r Athro Edwin Morris, ac mae'n crybwyll bod dau stiwdent bach wedi mynd i'r gwasanaeth hefyd. Mor annisgwyl weithiau y daw anfarwoldeb inni! Aeth Ted ymlaen maes o law, er ei ddiffyg Cymreictod, i fod yn Archesgob Cymru.

Soniais am Gredo Athanasios (nad oes ganddo'r un cysylltiad ond mewn enw â'r gwron hwnnw) a diffinio'r Ffydd. Priod waith diffinio'r Ffydd yw ei hamddiffyn rhag camddeall a chyfeiliorni. Megis ffrâm i lun, y mae diffiniad i'r Ffydd. Ymhell cyn ymddangos o'r Credo yn y 6ed ganrif roedd yr Eglwys wedi gorfod esbonio'n fanwl beth a gredai am Iesu Grist fel Duw a dyn, a sut mae amgyffred y berthynas rhwng y Tad a'r Mab a'r Ysbryd Glân. Nid y diffiniad a ddaeth gyntaf fodd bynnag. Y mater i'w ddiffinio a ddaeth gyntaf, ac nid y mater chwaith ond profiad dilynwyr Iesu Grist o Dduw ar ôl iddyn nhw adnabod Iesu o Nasareth; ac ar ôl anadlu o awel a gwynt yr Ysbryd Glân a chael eu tanio gan ei wres. Iddewon oedd y dilynwyr hyn i gyd, a sylfaen ddisyfl eu cred oedd 'Yr Arglwydd dy Dduw, un ydyw.' Nid oedd perygl felly iddynt fynd i gredu mewn tri duw. Ond nid oedd chwaith yn gyson â'u profiad mwyach i feddwl am Dduw fel y Bod Mawr, sy'n trigo mewn unigedd pell na fedr neb ei ddirnad. Oni chlywsent ei galon yn curo yng Ngalilea? Oni chawsent gyffwrdd ag ymyl ei wisg yng nghymdeithas yr Ysbryd Glân? Roedd mwy'n awr i'r Undod nag undod rhosyn sy wedi gwrthod agor. Mae'n digwydd weithiau bod rhosyn ar bren yn dal ynghlwm tra bo'r lleill yn raddol agor yn yr haul i ddatguddio'u hysblander, a llenwi'r awyr â'u melyster. Gogoniant a ddatguddiwyd yw gogoniant yr Un Duw.

Ond pan aeth yr Eglwys ati i roi esboniad cyson o'r datguddiad yn ôl gofyn yr oes, fe'i cafodd yn bur anodd dod o hyd i'r geiriau cywir. Anodd yw rhoi'r anfeidrol ar ddu a gwyn. Ebe Awstin Sant, 'Cyfeiriwn at Dri Pherson nid er mwyn dweud y cyfan ond rhag inni beidio â dweud dim.' Mae'r gwirionedd bob amser yn fwy na'n dirnad a'n mynegiant ni ohono. Felly pa eiriau bynnag a ddefnyddiwn maent yn ddiffygiol. Nid yw *Un Sylwedd* yn cyfleu'n gywir ryfeddod y Bod Mawr, awdur bywyd, yr ydym yn byw yn symud ac yn bod ynddo. Ac onid yw *Tri Pherson* yn debycach o gyfleu arwahanrwydd y Tri na'u perthynas? A phe trawem ar eiriau rhagorach, byr eu cyrraedd a fyddai'r rheini hefyd. Ond nid ar lefel y meddwl yn unig y mae dirnad dirgelwch. Mae iaith y galon yn treiddio'n ddyfnach. A dyna yw iaith addoliad, iaith y galon yn ogystal ag iaith y meddwl, iaith y person cyfan yn ymateb i bethau na welodd llygad ac na chlywodd clust. Dyna pam mae'n gwbl addas bod Credo hirfaith Athanasios yn darfod gyda'r Gloria – Gogoniant i'r Tad ac i'r Mab ac i'r Ysbryd Glân, a ddysgais gyntaf yn Llanddewi pan oedd y meillion ar eu mwyaf gwyrdd. Ar ôl cael ei dal yn rhwydwaith y mynych eiriau, y Gloria sy'n gollwng yr enaid yn rhydd.

Ym mynwent Llandyfaelog ger Cydweli mae carreg fedd Peter Williams, y bu ei Feibl a'i Fynegair mor fawr eu dylanwad ar hanes crefyddol Cymru. Fe'i cyhuddwyd o 'gymysgu'r Personau' ac arddel Sabeliaeth, sef cred gyfeiliornus Sabeliws yn y 3edd ganrif mai tair gwedd ar Dduw (ac nid tri Pherson) yw'r Tad a'r Mab a'r Ysbryd Glân. Fe'i diarddelwyd gan y Methodistiaid yn Sasiwn Llandeilo yn 1775 ac mae'r chwerwder a ddeilliodd o hynny wedi'i gerfio at y garreg fedd. 'Nid gelyn a'm difenwodd . . . nid fy nghasddyn a ymfawrygodd i'm herbyn . . . eithr y rhai oedd felys gennym gyd-gyfrinachu, ac a rodiasom i dŷ Dduw ynghyd.' (O Salm 55). Mae'n syndod braidd i ni'n awr bod cynifer o bobl yng Nghymru ddwy ganrif yn ôl yn poeni'u henaid am gysondeb y Ffydd. Ond tristwch mawr i mi yw cofio hefyd bod cadw'i glendid wedi golygu'r fath elyniaeth ac erlid a lladd yn hanes eglwysi Cred. Ac mai crefydd sy cyn amled wedi hollti pobl i'w gwraidd.

O gyflawnder Sul y Drindod y mae bwrw trem ar y pethau hyn. Dyna'r Sul, sef y nesaf at y Pentecost, sy'n crynhoi at ei gilydd holl ffrwyth tymhorau a gwyliau'r Eglwys. Mae mynd mewn trefn o dymor i dymor fel mynd i fedi o faes i faes, nes casglu'r cyfan ynghyd a synnu at gyfoeth y cnwd.

EMYN OFFRWM

Derbyn ein hoffrwm
Arglwydd bendigaid,
Derbyn ein moliant
Gwrando ein cân;
Ffynnon ein bywyd
Rhoddwr ein hiechyd,
Cadw ni'n llawen
Cadw ni'n lân.

Derbyn y bara
Ffon ein cynhaliaeth,
Cynnyrch y ddaear
Ffrwyth ymdrech dyn;
Megis yr una
Torth y gronynnau,
Gwir Fara'r Bywyd
Wna ninnau'n un.

Gwin ein llawenydd
Derbyn yn dirion,
Grawsypiau'r winllan
O sudd yn llawn;
Cangau'r Winwydden
Wir ydym minnau,
O aros ynddi
Diffrwyth nid awn.

Derbyn ein hoffrwm
Arglwydd bendigaid,
Derbyn o'n heiddo,
Agor ein llaw;
Eiddot yr arian
Eiddot y doniau,
O'th fawr haelioni
Popeth a ddaw.

Derbyn ein bywyd
Arglwydd bendigaid,
Derbyn ein llafur
Cymer ein hoes;
Dysg i ni godi
Beichiau ein gilydd
Megis y codaist
Faich trwm dy groes.

Derbyn ein hoffrwm
Drindod fendigaid,
Bregus ein moliant
Tlawd yw ein cân;
Mawl i'n Creawdwr,
Mawl i'n Gwaredwr,
Mawl i'n Sancteiddiwr –
Un Drindod lân.